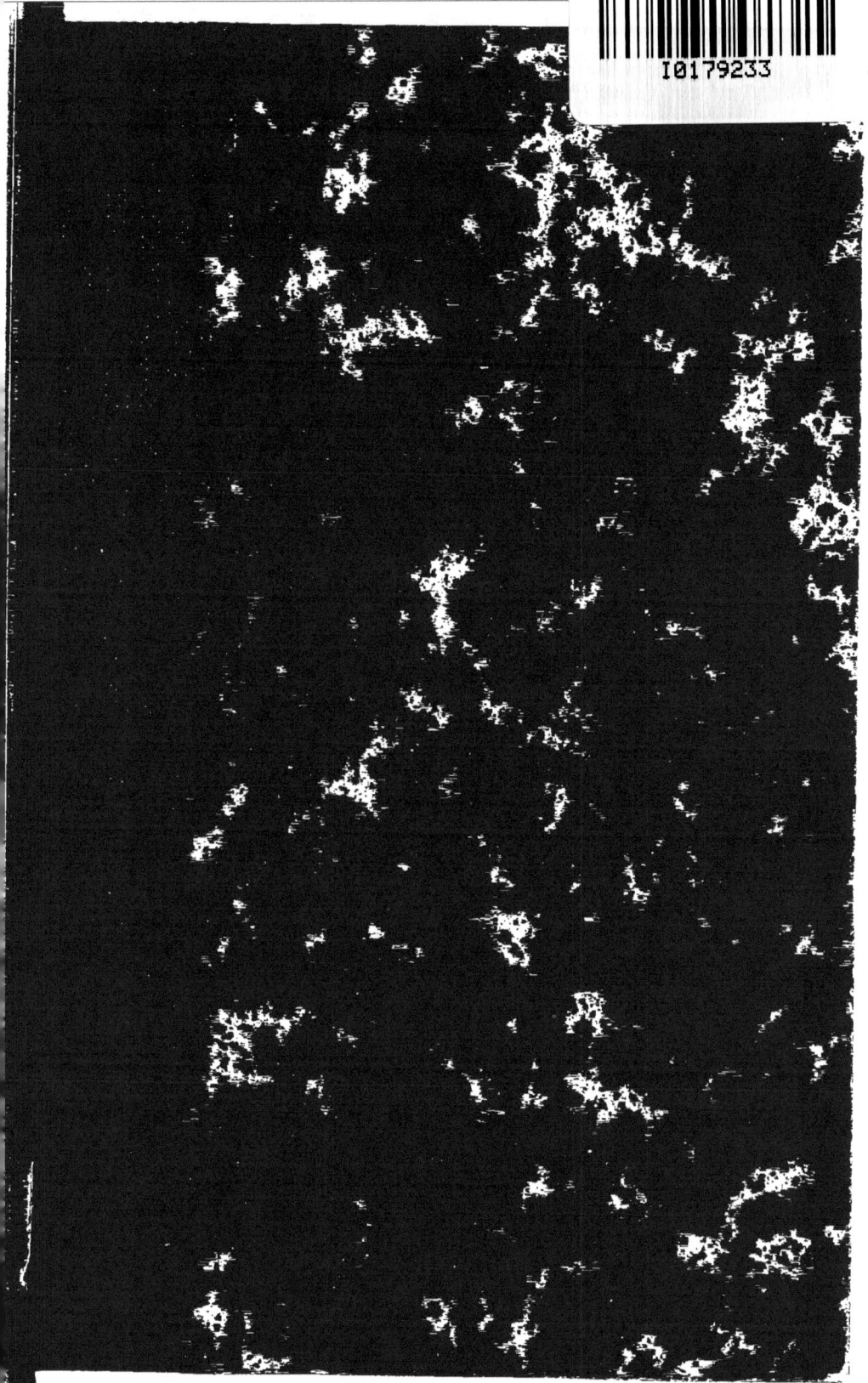

UNE SAISON

A SALINS

PARIS. — IMP. POITEVIN, RUE DAMIETTE, 2.

LES BAINS DE SALINS

Vus du Jardin de l'Etablissement.

UNE SAISON

A SALINS

GUIDE PITTORESQUE DU BAIGNEUR

PAR

HYACINTHE AUDIFFRED

SUIVI DE

CONSEILS SUR L'USAGE DES EAUX DE SALINS

PAR

LE DOCTEUR DUMOULIN

Médecin Inspecteur de l'Établissement

PARIS

LIBRAIRIE NOUVELLE

15, BOULEVARD DES ITALIENS

AUGUSTE FONTAINE, LIBRAIRE

35, Passage des Panoramas

1861

SALINS

PREMIÈRE PARTIE

Aux pieds des verdoyantes montagnes du Jura, dont les dernières ondulations viennent, semblables à des vagues frémissantes, expirer dans la plaine du Doubs, se trouve enfouie, comme un trésor, la ville de Salins.

Du haut des forts Belin et Saint-André, qui veillent sur sa garde, elle ressemble, avec ses sombres rochers, à une traînée gigantesque de lave volcanique qui se serait frayé violemment un passage au milieu de l'étroite vallée dont elle a déchiré les flancs.

Cette antique petite ville qui, grâce au chemin de fer, n'est plus qu'à neuf heures de Paris, ne renferme guère que 6,000 habitants. Elle avait

1.

jadis une telle importance militaire, qu'elle fut surnommée les portes de Bourgogne.

Elle était ceinte de remparts flanqués de tourelles, à l'abri desquels une petite rivière, appelée la Furieuse, prenait joyeusement ses ébats. Aujourd'hui, ces travaux redoutables ont, sous la double action des temps et des hommes, à peu près disparu; il n'en n'est pas de même du capricieux torrent, qui passe encore la moitié de l'année à déplorer sa stérilité de l'été.

L'origine de Salins se perd dans la nuit des temps; si l'on en croit les historiens, elle remonte à l'époque celtique; deux des saints les plus illustres de l'église l'habitèrent primitivement : ce fut d'abord saint Anatoile, fils d'un roi d'Irlande, qui s'y fixa au retour d'un voyage qu'il fit à Rome; puis saint Claude, qui y naquit en 607, dans le château de Bracon, bâti sur un mamelon en face de la partie supérieure de la ville dite *Bourg-dessus de Salins*, par opposition à la partie inférieure de la ville appelée *Bourg-dessous*, ayant chacune leur administration séparée, qui furent réunies définitivement, en vertu d'un traité approuvé par Louis XI, en 1480.

Après une foule d'événements, à travers lesquels la cité se trouva mêlée, soit en soutenant

plusieurs siéges, soit en prenant, pendant les do-
minations bourguignonne et espagnole, une glorieuse part aux guerres qui eurent lieu, elle se
trouva, comme toutes les villes de Franche-Comté,
dont elle était la seconde par l'importance, réunie à
la France en 1674, par suite du traité d'Aix-la-Cha-
pelle.

Elle dut au rôle important qu'elle joua dans la
dernière période de son histoire, d'être non-seulement habitée par de hauts et puissants seigneurs,
mais encore d'être visitée par plusieurs monarques
et personnages illustres. Les sciences et les arts re-
çurent sous cette influence une heureuse impulsion,
on y fabriquait des étoffes de soie et d'or, et surtout des armes de luxe dont Jean de Montbéliard
était, en 1400, l'un des plus habiles ouvriers.

Le goût du théâtre et de la musique était aussi
en grande faveur. Il en était de même de la sculpture et de la peinture. *Un tailleur d'images*, François Landry, y florissait au seizième siècle. Parmi
les nombreux sujets qu'il sculpta en albâtre, on cite
le portrait d'un chien qui fut offert par la ville au
chevalier de Granvelle, et pour lequel il lui fut
payé, en 1540, la somme de seize livres. Deux autres tailleurs d'images, André Ruffin et Guillaume
Lhuillier, contemporains de Landry, étaient aussi

regardés comme des artistes remarquables; un
autre sculpteur, François Devosges, aussi habitant
de Salins en 1670, y travailla avec succès vers la
fin du dix-septième siècle. Parmi les peintres du
seizième siècle, on cite Gérard Vaerlo et Soubus,
puis Nicolas Richard, qui peignit les anciens ducs
de Bourgogne et l'empereur Maximilien. Là ne se
bornent point les hommes qui illustrèrent Salins,
car le nombre en est grand; qu'il nous suffise de
citer par ordre chronologique: Jean de Salins, moine
qui vivait en 1050, auteur de la Chronique fort curieuse du monastère de Saint-Benigne de Dijon;
Ancel et Hugues de Salins, dont le premier fut chan-
celier de la comtesse Marguerite de France, et le
second archevêque de Besançon. Trois ambassa-
deurs, Thiébaud, Guillaume et Philibert Portier,
rendirent tour à tour des services distingués à Philippe le Bon en 1434, et à Charles-Quint en 1530 et
1544; le baron de Lisola, célèbre diplomate, né en
1613, mort vers 1677, auquel le cardinal de Richelieu avait donné toute sa confiance; l'abbé
Olivet, de l'Académie française, né en 1696, mort
en 1768. Fenouilhot de Falbaire, auteur d'une
foule de drames, parmi lesquels nous citerons
l'*Honnête criminel*, y était né en 1717, et mourut
en 1800. Parmi les contemporains, Salins a donné

le jour au général vicomte de Préval, au général
Clerc, à Victor Considérant, et à M. Valette, professeur à l'École de droit à Paris.

Nulle ville ne fut peut-être exposée à plus de se-
cousses que Salins: sièges, épidémies, pestes, inon-
dations, incendies, rien ne lui fut épargné.

En 1639, la peste y éclata avec tant de fureur,
qu'il fut décidé qu'on érigerait près de la place
d'Armes une chapelle en l'honneur de Notre-Dame
Libératrice, dont la consécration fut faite en grande
pompe le 23 juin 1662. Depuis cette époque, il ne
survint pas, que nous sachions, de nouvelle peste;
il n'en fut pas malheureusement de même des incendies.

Brûlé d'abord en 1336, puis en 1398, en 1442
et en 1469, Salins devint encore la proie des
flammes en 1825. Le souvenir de cette déplorable
catastrophe fait encore frémir les habitants qui en
furent les témoins.

C'était le 25 juillet, jour à jamais néfaste dans
les annales de la ville, à deux heures et demie de
l'après-midi; une vieille femme, en faisant sa cui-
sine, mit le feu à la cheminée d'une maison rue du
Pavillon. Dans le Bourg-dessous, qui, grâce aux
prompts secours, fut préservé, un tison impé-
tueusement chassé par l'ouragan, vint tomber à une

grande distance sur une maison couverte de chaume qui, en s'enflammant, communiqua l'élément destructeur à plusieurs des habitations voisines. A cinq heures, les Salinois éperdus, frappés de stupeur, s'enfuirent à travers des tourbillons de fumée et des torrents de feu, encore alimentés par des barriques d'huile et de vitriol.

Un tonneau de poudre, que l'on suppose avoir été caché depuis l'invasion des Autrichiens, éclata dans la rue d'Orgemont, et ne contribua pas peu à propager encore l'incendie, qui s'étendit sur une longueur de 900 mètres, dévorant plus de trois cents maisons.

La nouvelle de cet horrible sinistre retentit douloureusement dans toute l'Europe. Le roi Charles X s'empressa d'envoyer, pour secourir tant d'infortunes, près de 400,000 francs ; tout le monde voulut s'associer à cet acte de charité : les souscriptions ouvertes produisirent près d'un million.

De nouvelles maisons, solidement bâties en belles pierres de taille ont fait place à toutes ces habitations brûlées, dont la plupart étaient en bois et couvertes de chaume.

Autrefois, les ermites de Saint-Anatoile et de Saint-Jean veillaient à la sécurité de la ville du haut de leur cellule, et devaient sonner le tocsin aussitôt qu'ils apercevaient la lueur d'un incendie.

Indépendamment de ces sentinelles, la ville entretenait un guetteur de nuit, qui devait rester continuellement en faction, sur la galerie du clocher de Notre-Dame.

Il n'y a pas longtemps encore, à toutes les heures de la nuit il criait : *il est* 10 *heures*, 11 *heures, minuit, etc. Réveillez-vous, vous qui dormez, priez pour les trépassés!*

Ces précautions se sont un peu modifiées aujourd'hui ; un guetteur, posté en haut du fort Saint-André, veille sur la ville nuit et jour, et doit, aussitôt qu'il aperçoit un incendie, tirer le canon d'alarme et indiquer le lieu du sinistre à l'aide d'un immense porte-voix qu'on entend de tous les alentours.

Le tocsin et le rappel répondent à ce lugubre signal, toute la population accourt et se précipite sur les pompes pour voler au secours des incendiés. Ce doit être, pendant la nuit, un grand et terrible spectacle. On assure qu'un touriste excentrique, un Anglais, à coup sûr, voulant juger de cet effet dramatique, proposait, il y a quelques années, à un villageois des environs, de lui acheter sa bicoque, uniquement pour y mettre le feu. Cette offre, heureusement pour la tranquillité des habitants, fut refusée ; mais voyez un peu jusqu'où peut aller la rage des émotions ?

MONUMENTS DE SALINS

Malgré toutes ces vicissitudes, Salins, avec ses divers monuments, ses salines et ses promenades, ses forts et ses fontaines, a conservé un caractère d'originalité qu'on retrouve rarement dans des villes même de plus grande importance.

Ce n'est qu'après les avoir étudiés attentivement, que l'on se rallie à l'opinion que M⁰ Loys Gollut, l'historien de la Franche-Comté s'en était formée.

« Salins était, dit-il, une ville tant remarquable, « tant prisée et tant aimée par les anciens princes « de Bourgongne, que combien qu'elle soit Bour- « gognone et de même obéissance que les autres, « toutes fois, pour la recommandation du thrésor « qu'elle contient, ils s'en sont voulus jusques à « maintenant tituler particulièrement, et s'en ap- « pelei particuliers seigneurs. »

Et ailleurs il ajoute :

« Je d'rai que Salins hat estée tant honorée « que d'auoir heü le pannon ou estendard du « prince (le duc de Bourgogne) en sa garde, ar- « morié de l'aigle d'argent en champ de gueulle,

« et qui luy fut confié en telle prerogative que
« si les tambours et trompettes de guerre reueil-
« laient le prince et le païs pour entrer ou soustenir,
« le signal s'en faisait par cest estendard déploïé,
« ventillant en l'aër, et qui se gardait arbore et
« prest iusques à ce que le danger fust passé. »

De ses quatre églises actuelles, celle de Saint-
Anatoile, fondée au onzième siècle, et classée au
nombre des monuments historiques, est sans contredit la plus curieuse. Ses boiseries et quelques
tableaux offrent d'intéressants sujets de méditations,
qui sont quelquefois interrompues par l'appa-
rition d'une de ces blondes Marguerites que le pinceau d'Ary Scheffer a su poétiser, et dont Salins
aurait pu lui fournir plus d'un gracieux type.

Mais l'intérêt de ces monuments, si grand qu'il
puisse être, s'efface devant celui qu'offre la jolie
chapelle de Notre-Dame Libératrice, dont un reli-
gieux du Mont Sainte-Marie, le Père Marmet, pro-
voqua l'exécution en 1639, pour arrêter le fléau de
la peste, qui faisait alors de trop nombreuses vic-
times. Cet edifice, construit dans le style de la renaissance, est de forme elliptique; sa voûte à plein
cintre est formée d'arêtes nervées et de lunettes
qui sont d'une gracieuse légèreté. Il est surmonté
d'une flèche et d'un dôme avec lanterne et coupole.

Au-dessus de la niche du maître-autel est l'écusson
des armes de la ville, qui sont « d'or à la bande de
gueule, » avec cette inscription rappelant que Salins
a été la capitale du comté de Bourgogne : *Salinæ
Burgundiæ Caput* MDCXXXIX.

Par suite d'une souscription, cette chapelle votive
a été entièrement restaurée, et rendue au culte
le 15 août 1860 On y admire les élégants vitraux
sur fond gris mat, d'un dessin si léger, qu'ils imi-
tent la dentelle, et surtout la magnifique *Mater
Dolorosa*, de Victor Huguenin, que le célèbre statuaire franc-comtois a rendue avec la sublime exal-
tation de l'artiste et la foi du chrétien. L'aspect de
l'Hôtel de ville est original : ses portiques, ses colonnes d'ordre composite, au milieu desquelles s'é-
tale un écusson aux armes de la ville, couronnées
par un gracieux campanile, donnent à ce monument
un caractère tout exceptionnel.

Des nombreuses fontaines d'où l'eau jaillit à Salins sous les formes les plus capricieuses, la plus
remarquable est, sans contredit, celle située sur la
place d'armes, et surnommée, on ne sait déjà plus
pourquoi, Fontaine à la Dame. Elle fut élevée en
1770; mais cette date n'existerait pas, qu'on pourrait facilement y suppléer, tant son style rococo est
vivement accusé; Boucher ou Natoire n'eussent pas

mieux fait. Figurez-vous une nymphe qui, placée dans une niche, s'appuie sur une urne d'où jaillit l'eau. La partie supérieure, en forme de coquille, est surmontée d'un fronton, au-dessus duquel un charmant groupe d'Amours soutient un élégant cartel.

Ce joli échantillon du style Pompadour est l'œuvre d'un statuaire originaire de Dôle, Michel Devosges, le père de François Devosges, qui fonda plus tard l'Ecole des Beaux-Arts de Dijon.

Le théâtre, bâti en 1837, sur l'emplacement d'un ancien hôpital, n'offre rien de remarquable; il n'en est pas de même de la Bibliothèque publique, établie dans l'ancienne chapelle des Jésuites. Elle forme une salle très-spacieuse ornée de plusieurs tableaux et objets d'art, parmi lesquels nous devons citer un très-beau buste de Napoléon Ier par Houdon. On prétend que ce buste, commandé en 1813, arriva à Salins en 1814, quelques jours seulement avant l'arrivée des Autrichiens; mais le secrétaire de la mairie, qui était un zélé bonapartiste, craignant une profanation, le cacha dans une cave, d'où il ne revit le jour qu'après la Révolution de Juillet, époque à laquelle il fut placé dans une des salles de l'hôtel de ville. Viennent ensuite les bustes du général Bachelu et du jeune Galibert, grand-prix

de Rome, mort en 1857 à Paris, où il venait de
faire jouer avec succès, aux Bouffes-Parisiens, une
opérette intitulée *Après l'orage.*

Quelques tableaux modernes, dus aux pinceaux
de MM. Vanderburch, Thierry, Gingembre et Rivou-
lon, forment un singulier contraste avec une curieuse peinture représentant un plan de Salins en
1630. Jésus-Christ, tenant la foudre, plane sur la
ville : au bas est la Vierge; d'un côté, saint Anatoile, et de l'autre, saint Claude. Les pièces les plus
précieuses sont deux des quatorze grandes et belles
tapisseries des Flandres, dont les sujets sont tirés
de la vie de saint Anatoile. Les autres, provenant
également de l'église de ce nom, furent malheureusement détruites pendant la première Révolution.

Voilà pour la partie purement décorative. Le
côté bibliographique n'est pas moins intéressant.
Par suite de l'acquisition faite en 1834 de la bibliothèque de feu M. de Vauldry, l'établissement actuel compte près de 9,000 volumes, tant imprimés
que manuscrits. Les ouvrages relatifs à la Franche-
Comté y sont surtout très-nombreux; on y trouve
une précieuse série d'archives de la ville de Salins
remontant au treizième siècle.

Parmi les ouvrages rares, nous pouvons citer un

Sénèque, édition de Bâle, 1529, avec envoi auto-
graphe d'Érasme;

Un bréviaire du diocèse de Besançon, daté de
1501, in-folio, gothique, exemplaire unique, dit-on;

Un Dante, édition de Venise, 1754, 4 volumes
in folio, ornés de gravures tirées en couleur;

Enfin, une collection, introuvable ailleurs, de pein-
tures à l'aquarelle représentant les enseignes prises
à la bataille de Morat sur Charles le Téméraire.

Voici même, pour les friands, une lettre de madame de Pompadour, datée de Versailles, le 15 juin
1759. Elle était adressée à un certain abbé franc-
comtois, qui était au mieux avec elle. La favorite
l'assure que ses pensions lui seront payées; mais,
comme c'est par exception, elle promet d'en parler
au contrôleur général.

Ce n'est pas tout encore : le 23 mars 1762, le secrétaire de la galante marquise écrivait à ce bienheureux abbé une lettre de condoléance sur la mort
de son père.

Il ajoute ce détail vraiment touchant : « Madame
« la marquise ne vous écrit pas elle-même; elle est
« à la fin d'une fluxion sur l'œil » Si ce bienheureux prêtre eût habité Versailles, il eût certainement été admis aux grands et aux petits levers de sa
belle protectrice.

2.

Comme on le voit, la bibliothèque de Salins,
grâce à l'inépuisable complaisance de M. Charles
Gauthier, son administrateur, offre un vaste champ
dans lequel il peut être agréable de glaner. Nous
regrettons seulement qu'il n'existe pas un catalogue
détaillé de cette remarquable collection.

L'ÉTABLISSEMENT DES BAINS

L'Établissement des Bains, fondé en 1858, est situé au centre de la ville, au pied même de la montagne que couronne le fort Saint-André. Il se divise en deux parties distinctes, l'une affectée spécialement au service médical, l'autre au logement et aux plaisirs des baigneurs.

Parlons d'abord des sources et du traitement médical.

SOURCES. — SERVICE MÉDICAL

Il est fort heureux que les Romains, ces grands consommateurs d'eaux minérales de la Gaule, n'aient pas connu les eaux de Salins, car ils en eussent probablement épuisé les sources bienfaisantes. Il y a déjà près de trois siècles, n'y buvait pas qui voulait; c'était un privilège réservé aux souverains et dignitaires, ainsi que le constate un catalogue des seigneurs qui, en l'an de grâce 1590, pouvaient se désaltérer à cette précieuse fontaine.

Quoique nous n'approuvions que sous certaines réserves les appréciations de maître Go'lut sur l'agrément de ces eaux, nous lui empruntons le passage suivant, qui tendrait à faire croire que le docte auteur avait quelque penchant à la facétie :

« Le nombre est grand (dit-il) des seigneurs qui
« boivent volontiers de ces eaux salées et qui n'en
« font pas moindre cas que de bons vins blancs
« d'Arbois, sans crainte aucune d'altération, quelque
« salées qu'elles soient, pour ce qu'elles hont ceste
« secrette propriété de se faire de plus en plus
« désyrer, d'autant que l'on en boirat davantage,
« et c'est pourquoy ceux qui y trempent le doigt et
« le succent, puis après entrent dans un appétit très-
« grand d'en boire à pleine gorge pour se garder de
« ceste espèce de lèpre que l'on appelle indigence ;
« mais le mal est que ceux qui sont arrivés à la
« fontaine ne permettent pas facilement que l'on
« s'en approche, pourvu que ilz se disent suffi-ans
« et en assés bon nombre pour boire de iour en
« iour, tout ce que les sources peuvent fournir
« d'eau. »

Aujourd'hui, grâce à Dieu, les choses sont bien changées ; tout le monde peut, pour la simple baga-

RÉSERVOIR DES BAINS

telle de quelques centimes, venir chercher le
rétablissement de sa santé, sans craindre de tarir la
source. Elle ne sort point, comme dans la célèbre
fontaine de Jean de Bologne, des seins nus de quatre
voluptueuses sirènes, mais du piédestal de la statue
de la déesse Hygie, placée au milieu d'un élégant
bassin autour duquel règne une tente circulaire.
Par un raffinement digne d'un gourmet, on a pu, au
moyen d'un appareil des plus ingénieux, gazéifier le
précieux liquide qui pétille dans le verre en flots
mousseux, et se digère ainsi plus facilement.

On ne saurait vraiment être plus aimable.

Maintenant que vous avez dégusté cette bienheureuse liqueur, entrons ensemble dans l'établissement
qui est construit sur l'emplacement des bâtiments
appelés autrefois la petite saline.

La source, qui se trouve à quatre-vingt-cinq mar-
ches au-dessous du sol, sous une partie des bâtiments, n'est pas la seule qui alimente les bains ; elle
est encore puissamment secondée par un immense
réservoir situé place Saint-Jean, qui contient
480,000 litres d'eau.

Les divers appareils sont desservis par l'eau des
bassins placés dans une charmante tourelle octo-
gone de 15 mètres de haut, véritable monument
digne de l'époque romaine.

Mais que vous semble de la piscine? N'est-elle pas une des plus belles de France, tant elle est harmonieuse de forme et splendidement éclairée? Bien qu'elle contienne plus de 86,000 litres d'eau dans ses flancs arrondis, on peut s'y hasarder sans crainte, car elle n'a que 1 mètre 30 centimètres de profondeur; on peut donc s'y baigner sans arrière pensée, s'y plonger, et, par surcroît de plaisir, se faire administrer le baptême de la ligne par deux charmants tritons qui s'acquittent avec une telle gravité de cet office, qu'on les prendrait pour des dieux Termes.

Si aux salutaires amusements de la piscine, occupée alternativement par les hommes et par les femmes, vous voulez joindre l'action efficace des bains, rien n'est plus facile que de vous satisfaire. On s'y plongerait avec délices, ne fût-ce que pour comparer les baignoires, dont les unes sont en pierre du Jura, les autres en marbre et même en fonte émaillée; ces dernières sont surtout des plus agréables · un sybarite s'y serait trouvé à l'aise.

Dans les bains qui ne contiennent que l'eau de la source, qui par 1,000 grammes renferme 29 grammes 993 milligrammes de parties solubles, on ajoute une quantité plus ou moins forte d'eaux-mères. Celles-ci, qui résultent de l'évaporation des eaux des sources employées à la fabrication du sel, sont amenées par des conduits de la saline de Salins à l'établissement des bains et recueillies dans de grands réservoirs en plomb. Leur salure est très-considérable, puisque, pour 1,000 grammes, elles renferment 317 grammes 720 milligrammes d'éléments solubles, dont les plus actifs sont : le cholure de sodium, 157 grammes 980 milligrammes, et le bromure de potassium, 3 grammes 22 centigrammes, d'après la dernière analyse de M. Balard, l'illustre chimiste.

Ces eaux-mères sont ajoutées froides aux bains, dans une proportion qui varie nécessairement, suivant l'âge et les affections des sujets.

L'amateur de douches peut trouver amplement à se contenter : il y en a de toutes formes, de toutes sortes, de toutes températures ; elles sont alimentées par quatre petits bassins disposés en haut de la tourelle, à plus de 15 mètres de haut, ce qui leur donne une grande énergie de projection, qui est tempérée à volonté. Sous l'habile direction du doucheur, le jet peut se changer en arrosoir, en pluie, en lames ; c'est un véritable protée.

Enfin, et comme si ce n'était assez de tous ces moyens curatifs, l'hydrothérapie vient apporter encore le concours de ses effets bienfaisants. La pierre et le marbre n'ont pas été épargnés pour la décoration de cette salle, dont l'heureuse distribution peut rivaliser avec les établissements de même genre si prônés en Allemagne. Non-seulement on peut y recevoir des bains d'eau courante, mais encore des douches à plein jet, en lance et en pluie, et surtout le bain de vague. Il y existe une curieuse douche circulaire dont les jets, en vous enlaçant comme les replis d'un serpent, produisent une des sensations les plus bizarres qui se puissent imaginer.

Il est un point sur lequel nous ne saurions trop insister : c'est l'ordre qui règne dans le service, et les soins minutieux dont les malades sont l'objet.

Ici, point de cohue, point de mystification pour les heures des bains et des douches, qui sont réglées avec une exactitude toute militaire. Le rôle du médecin attaché à l'établissement ne se borne point à des consultations données rapidement, il délivre quotidiennement à chaque malade un billet de traitement indiquant la température du bain ou de la douche, l'addition d'eaux-mères, la quantité de verres d'eau à boire. Nous avons déjà parcouru bien des établissements, mais jamais nous n'avons rencontré une pareille sollicitude.

C'est, à n'en pas douter, à toutes ces circonstances, réunies à la rare salubrité du climat des montagnes jurassiennes, qu'est due la vogue toujours croissante des eaux de Salins.

Mais, nous dira-t-on, quels sont les malades assez heureux pour pouvoir y être guéris ou tout au moins notablement soulagés ?

Au risque d'empiéter sur les attributions de la docte faculté, nous pouvons dire qu'elles sont employées avec succès dans l'anémie, la chlorose, les rhumatismes, la paralysie, la scrofule et autres maladies qui ne trouvaient jusqu'alors de ressources que dans les eaux de Nauheim et de Kreutsnach.

L'HOTEL ET LES SALONS DE L'ÉTABLISSEMENT

Il est difficile de trouver un hôtel distribué avec plus d'intelligence, et des salons de bal, de concert et de lecture décorés avec autant de luxe et de bon goût. Félicitons-en tout d'abord M. Borne, architecte, leur ingénieux créateur. Les appartements, uniformément meublés en acajou et tendus d'étoffes perses, sont desservis avec une rapidité remarquable, grâce à une nuée de valets et de femmes de chambre qui veillent nuit et jour aux avertissements de la sonnette électrique. Tous ces détails du service, chose rare et bien precieuse, surtout pour des malades, sont exécutés sans bruit ni tapage, on y jouit du calme de la solitude.

Bien que consacrée à une série d'épreuves, la vie qu'on y mène ne laisse pas que d'être assez douce.

Êtes-vous matineux, voulez-vous voir vertueusement lever l'aurore? rien n'est plus facile. Dès cinq heures du matin vous pouvez prendre un verre d'eau, descendre au bain ou à la douche. Mais pour peu que vous vous laissiez aller aux charmes de cette flânerie horizontale, si fort en honneur sous la zone parisienne, la complaisante naïade vous réserve ses faveurs jusqu'à cinq heures du soir, mais c'est là son ultimatum.

Le déjeuner est servi à dix heures et demie précises; on s'y rend généralement en toilette du matin ou de promenade, car, après, vient le plaisir de faire quelque excursion, à moins qu'on ne préfère lire les journaux, faire de la musique ou bien descendre au café ou au jardin.

Si le temps est beau, les parties s'organisent rapidement : les uns partent pour la source du Lison, d'autres pour Arc-Senans, ou pour la Châtelaine.

Les plus faibles s'acheminent vers les Forts.... probablement par instinct.

On croirait à une déroute générale si quelques belles nonchalantes ne venaient s'installer sous les ombrages parfumés du jardin anglais, dont la fraîcheur est encore augmentée par un jet d'eau retombant dans un bassin de rocaille où s'ébattent joyeusement des bandes indisciplinées de poissons rouges.

Ainsi rassemblé autour des tables rustiques, sous l'honnête prétexte de travailler, on brode, on fait de la tapisserie, mais les pantoufles et les bonnets grecs ne servent pas seuls de canevas à la conversation, les nouvelles du jour sont aussi sur le métier; on babille, on jase, quoi de plus naturel! C'est assez dire qu'on y cause un peu de tout : modes, politique, colifichets, magnétisme, musique, mariage, et même un peu d'amour; le traître se glisse partout. Aussi, la conversation a beau jeu; elle n'a pour auditeurs que les flots de la cascatelle, les jolis oiseaux emprisonnés dans leur volière et les statues de bronze qui semblent s'enfuir sous la feuillée; voilà, en vérité, des témoins bien complaisants. Cependant, prenez-y garde, mesdames, un indiscret, un jaloux, peuvent s'abriter sous la voûte de certaine petite grotte de stalactite, et alors..... oh! alors!...

Mais ces craintes sont vaines, il n'y a plus de traî-
tres que dans les mélodrames de M. Dennery, et
encore! Du reste l'heure du dîner sonne, et, semblables aux colombes voltigeantes de la place Saint-
Marc, nos convives, dont l'appétit est singulièrement aiguisé, viennent prendre leur large part du
festin servi à la russe, avec un luxe tout à fait
princier.

Ce n'est point une table d'hôte ordinaire, non; à
voir l'abondance recherchée des mets, cette profusion
de serviteurs empressés, ce magnifique surtout en
vermeil, tout étincelant de lumières et de fleurs, on
se croirait transporté dans un palais : Lucullus dîne
chez Lucullus.

La gaieté des convives est à la hauteur de leur
appétit.

Elle est tellement expansive qu'on est sûr de la
retrouver le soir au milieu des bouffées odorantes
d'un régalia, ou bien au bal et au concert, entre
deux sourires de femmes, mal dissimulés sous le
frêle rempart d'un éventail de Watteau.

Ces soirées sont vraiment charmantes; les socié-
tés de musique militaire ou de l'Orphéon viennent
tour à tour, avec des artistes distingués, s'y faire
applaudir. Elles ont un cachet de bonne compagnie
qu'on ne rencontre malheureusement pas toujours

dans certaines villes d'eaux d'Allemagne, où les
chevaliers du lansquenet et les Rigolboches absor-
bent les meilleures places.

A Salins, tout contribue à l'éclat de ces réunions :
le luxe des salons resplendissants de glaces, de
fleurs et de lumières, vient se mêler heureusement
à la fraîcheur et à l'élégance des toilettes.

Certaines dames poussent même si loin le désir de
plaire, que l'une d'elles se fit ainsi annoncer l'année
dernière :

Madame la marquise de X..., une femme de
chambre et dix-sept colis de bagages.

Avec un pareil arsenal, on le comprendra sans
peine, il ne lui fut pas difficile de faire tourner bien
des têtes. Cette charmante marquise était veuve,
ornée de trente-deux belles dents, d'autant de printemps et de mille livres de rente; aussi trouva-t-elle
parmi ses nombreux soupirants un consolateur, auquel elle vient de jurer, au pied de l'autel, fidélité
et constance éternelles. L'heureux couple est encore
en pleine lune de miel, et à moins d'une éclipse tout
à fait imprévue, on le reverra certainement cet été à
Salins. Une clause du contrat stipule expressément
ce pèlerinage de reconnaissance; ce n'est pas pour
lui, croyez-le bien, qu'a été inventée cette triste
maxime : l'ingratitude est l'indépendance du cœur.

Cet incident matrimonial n'est pas le seul qui soit né à Salins pendant la saison des eaux. En voici un autre dont le caractère semi-romanesque et certaines particularités ne manquent pas d'intérêt. Qu'on nous permette de détacher de notre album de touriste ce feuillet d'histoire contemporaine.

OLYMPE

Marier des filles est toujours une grosse affaire. Les unes sont charmantes, mais n'ont pas de dot; d'autres, plus favorisées de la fortune, le sont moins de la nature. C'est dans cette seconde série que venait se ranger Mlle Olympe Duval, dont il eût été difficile de deviner, sous une enveloppe assez insignifiante, les 50,000 francs de rente. Sa longue figure pâle était encadrée dans une abondante chevelure d'un blond douteux, sur laquelle ressortaient de petits yeux noirs. Sa taille était bien prise; mais on n'en pouvait remarquer les avantages, car une douleur à la jambe, résultant d'une chute déjà ancienne, rendait sa démarche pénible et répandait sur toute sa personne un air de souffrance.

Depuis quelques jours seulement, Mlle Olympe occupait avec sa mère l'une des extrémités de la table d'hôte de l'établissement thermal, sans que, jusqu'alors, on eût prêté grande attention à leur présence. Cette indifférence était extrêmement sensible à Mme Duval, habituée, dans sa province, à des attentions et à des prévenances devenues pour elle un besoin.

Flanqué récemment de deux pigeonniers, le château de cette dame, situé dans la Beauce, était fréquenté par la haute bourgeoisie des environs. L'unique ambition de la mère d'Olympe eût été d'y attirer la noblesse, dans les rangs de laquelle, châtelaine de fraîche date, elle grillait de s'introduire, fût-ce par les sentiers détournés. Pour parvenir à ce but suprême, elle avait déjà employé diverses tentatives plus ou moins heureuses. Ce furent d'abord des cartes de visite où son nom, divisé de cette façon, Du Val, apparut précédé de la particule nobiliaire. A ce nom ainsi rehaussé, des armoiries fantastiques vinrent bientôt ajouter un nouvel éclat. Une occasion de faire sanctionner par la publicité cette sournoise usurpation ne tarda pas à se présenter : Mgr l'évêque vint en grande pompe consacrer la chapelle que Mme Duval avait fait élever près de son château. Des milliers d'invitations, ornées du nouveau blason et de la bienheureuse particule, furent adroitement lancées. La plupart de ceux à qui s'adressaient ces messages s'inquiétèrent peu de vérifier les origines d'une noblesse qu'ils ne connaissaient pas. Insensiblement, Mme Duval, comme la chose est, du reste, très-fréquente, prit

elle-même au sérieux la position qu'elle s'était
créée; sa fortune aidait à cette douce illusion, car
elle ne fréquentait guère que les personnes assez
avisées pour flatter sa marotte.

On doit comprendre combien devait être piquée
de son isolement cette noble dame, habituée aux
hommages d'une petite cour dont elle était la reine.
Aussi elle n'y tint bientôt plus Un jour, elle dit à
son voisin de table, avec qui elle avait lié connais-
sance : « Je désire bien vivement que les eaux de
Salins améliorent la santé d'Olympe; depuis près de
six mois ma fille est majeure, et quand on a, comme
elle, un million de dot, il n'est pas difficile de trouver un mari. »

Faite avec le ton de l'enjouement, mais sur un
diapason assez élevé, cette confidence alla chatouil-
ler agréablement l'oreille de certains auditeurs atten-
tifs; on chuchotta, la nouvelle circula rapide comme
l'éclair, elle ne tarda pas à franchir la salle et à s'é-
lever rapidement à la hauteur d'un événement. Au
sortir de table, lorsque Mme Duval manifesta l'in-
tention d'aller faire sa promenade habituelle sous
les beaux et solitaires ombrages de la Barbarine,
la mère et la fille trouvèrent, contre l'ordinaire, une
foule de cavaliers empressés.

Le soir, au bal, ce fut mieux encore : un essaim

d'adorateurs ne cessa de venir bourdonner à leurs oreilles et de leur adresser des compliments plus ou moins fastidieux. Parmi ces papillons attirés par les lueurs soudaines du flambeau de l'hymen, se remarquaient deux types tout à fait excentriques, deux originaux que Gavarni et Cham eussent avidement croqués: c'était un avoué normand et un professeur de physique.

Fraîchement émoulu des bancs de l'école, l'avoué, maître Pintel, émaillait, sans s'en douter, du langage de la procédure, son éloquence amoureuse.

— Mademoiselle, disait-il à la jeune fille, j'ai eu l'honneur, tout à l'heure, parlant à votre personne, de vous prier de m'accorder une contredanse; vous m'avez répondu que vous étiez engagée jusqu'à la trente-troisième, et qu'alors le bal serait probablement terminé. Une échéance si lointaine et si problématique me plonge dans la désolation; néanmoins, tout en maintenant ma requête, permettez-moi de solliciter subsidiairement la faveur d'une mazurka; j'ose espérer que, considérant ma persévérance, vous voudrez bien faire droit à mes conclusions; une fin de non recevoir me plongerait dans le désespoir.

M. Chamouillet, le professeur de physique, avait également une conversation saupoudrée de termes techniques, en sorte que rien n'était plus amusant que de les entendre l'un après l'autre exprimer leur passion.

— Quand on voit, mademoiselle, s'écriait M. Chamouillet, tous ces beaux messieurs qui gravitent autour de vous, on ne peut s'empêcher de vous comparer à un astre. Plus que tout autre, j'ai subi cette attraction magnétique; l'étude des choses abstraites avait fait le vide dans mon cœur; maintenant, il est rempli d'un sentiment devenu le tourment et le charme de ma vie, d'un sentiment qui ne s'éteindra pas comme un passager météore, mais dont la lumière, semblable à celle d'une étoile fixe de première grandeur, m'éclairera jusqu'au tombeau!

Stimulés par leur mutuelle rivalité, les deux soupirants redoublaient leur ramage, leurs soins assidus, et se mettaient de plus en plus en évidence. Bouquets, œillades, madrigaux, sonnets, tout était employé par eux pour atteindre leur but.

Voici un spécimen de la poésie galante de M. Chamouillet, qu'il avait pillé dans un volume de l'*Astrée* :

Ces vieux rochers tout nus glissant en précipice,
Ces chutes de torrents froissés de milles sauts,
Ces sommets si neigeux et ces monts les plus hauts,
Ne sont que les portraits de mon cruel supplice.

Si ces rochers sont vieux, il faut que je vieillisse,
Lié par la constance au milieu de mes maux ;
S'ils sont nus et sans fruit, sans fruit sont mes travaux,
Sans qu'en eux nul espoir j retienne et nourrisse ;

Et ces torrents rompus, sont ce i as mes destins ?
Ces neiges vos froideurs, ces grands monts vos dédains ?
Bref, ces déserts, en tout à mon être répondent ;

Sinon que vos rigueurs plus malheureux me font ;
Car d'en haut bien souvent quelque neig s se fondent ;
Mais las ! de vos froideurs pas une ne se fond.

Grâce à leur persévérance, les deux langoureux soupirants étaient devenus à peu près maîtres du terrain. Déjà un notaire myope, un capitaine de zouaves, à formidables moustaches, et un gros maître de forges, à face joviale et rubiconde, étaient restés sur le carreau.

Cependant, ce succès apparent était en réalité tout à fait negatif. Si Mlle Duval ne brillait pas par ce charme extérieur qui séduit de prime abord et prend le cœur par les yeux, elle cachait, sous une apparence un peu terne, des tresors d'intelligence et de poésie. Les comiques efforts de ses deux prétendants excitaient en elle une hilarité qu'elle était trop polie pour traduire au dehors, et un amour qui fait rire est un amour désarmé.

Là en étaient les choses, quand un baigneur touriste mit sur le tapis une excursion à la source du
Lison, l'une des plus agréables promenades que l'on
puisse faire aux environs de Salins; sa proposition
rencontra un assentiment général. Plus que les autres, Mlle Duval, élevée dans les plaines fertiles,
mais monotones, de la Beauce, qu'elle n'avait guère
quittée, se réjouissait de cette échappée, qui allait
l'initier aux beautés pittoresques et accidentées des
montagnes du Jura.

En quittant Salins par une de ces belles matinées
de juillet, capables de chasser le spleen le plus obs-
tiné, la joyeuse caravane, laissant à sa gauche le
cône verdoyant du mont Poupet, atteignit bientôt, à
travers de riches coteaux de vignobles, le plateau de
Saizenay, d'où la vue se développe de plus en plus.
Jusque-là, le paysage ne présentait cependant rien
de bien saillant, mais lorsque, arrivé à la maison du
garde de M. de Pourtalès, on s'engagea par une
pente rapide dans une gorge aux flancs escarpés,
couverts de hêtres et de sapins, qui aboutit à la jolie
vallée de Nans, ce furent des cris d'admiration.
Olympe surtout ne pouvait taire sa joie et sa surprise, à l'aspect de ces merveilles de la nature.

A mesure qu'on s'approchait du beau village,
l'horizon, s'agrandissant, laissait voir dans toute sa

4

splendeur la plaine arrosée par le Lison, dont on était impatient de voir la source s'élancer en cascade de son mystérieux rocher.

On passa rapidement devant le château habité jadis par la belle Sophie de Monnier pour se diriger vers la source du ruisseau, qui, par timidité sans doute, dissimule de temps en temps son cours sous des berceaux de verdure et de fleurs.

Ce fut à travers ces surprises et ces mille enchantements qu'on arriva à la célèbre cascade. On redescendit ensuite pendant quelques minutes pour traverser, sur un joli pont à l'américaine, ce Lison au murmure aussi doux que son nom harmonieux, pour pénétrer dans une prairie légèrement inclinée, dont la partie inférieure va, par une pente insensible, se baigner dans les flots de la rivière.

Entourée de bois ombreux parsemés de fleurs aux couleurs variées, aux suaves parfums, cette pelouse rappelait le décor naturel donné jadis par Théocrite et Virgile à leurs scènes bucoliques. A l'unanimité, elle fut choisie pour y venir goûter au retour de la grotte des Sarrasins, dont l'ouverture, béante comme celle d'un cratère, apparaissait alors dans sa plus gigantesque proportion.

— Ah! mademoiselle, disait à Olympe le professeur, je suis bien heureux que la société se soit dé-

cidée à sortir, par cette agréable tangente, du cercle
de ses occupations habituelles. L'oxigène se respire
ici à pleins poumons. L'amour de la nature et celui
de son plus bel ouvrage se combinent comme deux
gaz dans mon cœur. Il me semble que tout mon
être, échappant aux lois de la pesanteur, va prendre
son vol vers le ciel.

— Pour moi, s'écriait maître Pintel, j'assignerais
volontiers tous ceux qui se prétendent insensibles,
à comparaître sous ce ciel d'azur, en présence de
mademoiselle Olympe. Devant l'éclat de ses yeux
leurs arguments s'évanouiraient bien vite, et je
voudrais être là pour voir dire qu'en droit, comme
en fait, ils seront condamnés, même par corps, à
rendre hommage à ses attraits.

Au moment où l'on s'apprêtait à gravir, en tra-
versant un petit ruisseau, l'espace touffu qui sépare
cette fraîche oasis de la grotte des Sarrasins, on
aperçut, au lieu du berger Tityre, flânant au pied
d'un hêtre, un jeune homme assis sur un pliant,
ayant devant lui, sur un chevalet, une toile de six;
il était attentivement occupé à peindre un paysage.

A la subite invasion des touristes, il se leva brusquement. Il se mit en devoir de plier bagage; mais
malgré toute sa promptitude, il ne put le faire avant
que la tête de colonne ne fût arrivée près de lui; on

jeta un coup d'œil sur son ouvrage. A l'aspect de
cette toile, qui reproduisait avec une fidélité et un
sentiment admirables le caractère à la fois riant et
sauvage de ce beau site, chacun exprima son ra-
vissement.

Rien ne rend communicatif comme la louange. La
glace fut bientôt rompue, et mademoiselle Olympe
ne resta pas la dernière à joindre ses compliments
à ceux qu'avait déjà reçus l'artiste.

C'était un beau jeune homme, d'une taille un peu
haute, mais élégante et bien prise. Son visage assez
fortement bistré, ressortant sous une luxuriante chevelure aux boucles nombreuses, noires et luisantes
comme du jais, accusait son origine méridionale.
Son né busqué, ses lèvres d'un rouge vif, dont la
supérieure était ornée d'une fine moustache, indi-
quaient un caractère résolu et voluptueux. Ses yeux
noirs brillaient d'un éclat tempéré par de longs cils.
L'ensemble de ses traits annonçait la force voilée
par la douceur, et une teinte de mélancolie ache-
vait de leur donner un cachet particulier qui cap-
tivait de prime abord.

- Lorsqu'il prit la parole pour remercier ses admi-
rateurs improvisés, son langage, en harmonie parfaite avec son extérieur, s'imprégna d'un accent
étranger dans lequel le roulement des *r r* acheva de

fixer la compagnie sur sa nationalité : il était Espagnol.

Notre artiste connaissait parfaitement la grotte
des Sarrasins et les sentiers sinueux qui y conduisent. Avec une grâce parfaite, il s'offrit pour
guide, et on s'empressa de l'accepter. La société
n'eut pas à s'en repentir, car le jeune cicérone,
déployant des connaissances historiques auxquelles
on était loin de s'attendre, réveilla des traditions
ignorées, et, par ses remarques judicieuses relati-
vement au paysage et à ses harmonies, appela
l'attention de ses auditeurs sur des beautés qu'ils
ne soupçonnaient pas.

Au retour, l'Espagnol ne put se dispenser de
prendre part au repas champêtre, qui fut des plus
gais. Les questions bienveillantes qu'on lui fit l'a-
menèrent à donner sur lui-même d'intéressants
détails.

Fernand de Mendoza (c'est le nom de notre
héros) était l'unique rejeton d'une noble et ancienne famille de l'Andalousie. A la suite de la
guerre civile qui, pendant plusieurs années après la
mort du roi Ferdinand VII, ne cessa de désoler
l'Espagne, ses parents furent proscrits. Ils avaient
embrassé avec ardeur le parti de don Carlos, qui
leur semblait celui du bon droit et de la légitimité.

Réfugiés en France, dépouillés par la confiscation de la plus grande partie de leur fortune, ils eurent du moins la consolation de voir rapidement grandir le talent de leur fils, qui avait adopté la carrière des arts, et dont les ouvrages, bientôt recherchés par les amateurs, vinrent augmenter les ressources restreintes des exilés.

Le récit de Fernand, fait avec beaucoup de réserve et de modestie, captiva les auditeurs, à l'exception de M. Chamouillet et de M. Pintel, qui flairaient un rival dont la supériorité les écraserait. La face jaune de l'avoué prenait les teintes enfumées de certains portraits de l'école hollandaise. Quant au professeur, dont le visage blanc et rose était semblable à celui d'un archange bouffi, ses joues énormes se couvraient d'une rougeur croissante et sortaient de son vaste faux-col comme un bouquet d'œillets écarlates de son enveloppe de papier.

Fernand avait été placé entre madame Duval et sa fille. Il se montra pour les dames plein de délicates prévenances, sut se concilier la mère par quelques compliments sans affectation, et conduisit la conversation en s'effaçant de manière à faire ressortir tout l'esprit qu'aux premières paroles d'Olympe, il avait remarqué en elle. Les autres personnes de la société n'étaient pas négligées par lui ; chacun eut occasion de placer son mot, même l'avoué et le physicien, qui le firent de telle façon que tout le monde rit sous cape à leurs dépens.

L'artiste fut si gracieusement engagé à assister au bal qui devait avoir lieu le surlendemain, dans le salon de l'établissement thermal, qu'il donna sa parole en quittant la compagnie, et repartit pour Nans, où il s'était installé pour la saison d'été.

— Allons! dit en s'en allant Mᵉ Pintel à l'un des touristes qui l'avait vu jouer le rôle de prétendant, voilà mon procès perdu en première instance, mais j'en appelle. Ce barbouilleur a influencé son auditoire : un tel succès ne peut être qu'éphémère ; un mariage est une affaire qui demande un long délibéré, et je suis sûr que lorsqu'on aura examiné les pièces, il risquera bien de perdre sa cause.

— Avez-vous vu qu'elle importance se donne cet hidalgo de rencontre? disait de son côté M. Chamouillet. Sa conversation pétillait comme une machine électrique dont on ne cesserait de tirer des étincelles ; mais ce feu-là ne tardera pas à s'éteindre, et notre Espagnol pourrait bien n'être qu'un feu follet.

Le soir du lendemain, la salle du bal était étincelante de lumières : d'éblouissantes toilettes, des flots de dentelles, de blanches épaules, de beaux

yeux rivalisant d'éclat avec les diamants, y réunis-
saient toutes les séductions. L'atmosphère, chargée
de parfums, enivrait les sens. L'orchestre, dirigé par
un habile maestro, envoyait à la foule mille appels
retentissants.

Fernand se faisait attendre. Dix heures sonnèrent ;
il n'avait pas encore paru. Mise avec une exquise
simplicité, mademoiselle Duval ne pouvait s'empêcher de jeter de fréquents regards vers la porte
d'entrée. Elle paraissait plus alerte, et son air de
souffrance avait en grande partie disparu. Son teint
s'était animé, ses yeux rayonnaient ; il semblait
qu'une transformation se fût opérée en elle. Pour la
première fois, une autre attraction que celle de sa
dot dirigeait sur elle les regards, accompagnés de
quelques lueurs de jalousie de la part des femmes,
et, au contraire, de murmures flatteurs échappés des
lèvres masculines.

Madame Duval, impatiente d'attendre le noble
étranger, était hors d'état de cacher son anxiété.
Elle parcourait les salons avec une agitation vi-
sible.

Enfin Fernand se montra.

La mère en laissa échapper un soupir d'al-
légement, et la fille, qui venait d'essuyer, à son
grand ennui, les propos galants de MM. Pintel et

Chamouillet, se leva pour dissimuler son émotion.

Le peintre alla droit vers Mlle Olympe.

Avec son intuition d'artiste, il avait compris que la jeune fille était une de ces natures impressionnables qui ne se révèlent pas de prime abord, mais qui, une fois touchées de l'étincelle magique, se transfigurent, et, s'éclairant du feu de l'âme, acquièrent une véritable beauté. Ce genre de femme était plus propre que les autres à exercer sur lui une séduction, et il fut charmé, sans trop s'en étonner, des heureuses modifications qui s'étaient opérées dans la physionomie d'Olympe.

Au grand dépit de M. Pintel et de M. Chamouillet, sa première démarche fut d'inviter Mlle Duval pour la contredanse. Elle accepta en rougissant, et les quelques paroles échangées dans l'intervalle des figures chorégraphiques augmentèrent l'attrait que ces jeunes gens éprouvaient l'un pour l'autre. La maman voyait sans trop de déplaisir cette liaison naissante, qui lui fournissait déjà le thème des rêves les plus variés.

Sachant que Fernand peignait non-seulement le paysage, mais encore le portrait, et désirant faire une surprise à son mari, elle pria le jeune homme de reproduire ses traits; celui-ci s'empressa de la satisfaire. Ravie de ce travail, d'autant plus que l'artiste, connaissant le faible des douairières, l'avait un peu embellie, elle demanda le portrait de sa fille.

On devine que ce dernier ouvrage fut d'une bien longue exécution. Dans le tête-à-tête entre le peintre et son modèle, le pinceau se reposait souvent pour laisser marcher la conversation. Le tableau n'était pas fini que l'Espagnol s'était jeté aux pieds de Mme Duval, lui avait fait l'aveu de son amour, de son honorable et fière pauvreté, et avait sollicité la main d'Olympe.

Madame Duval demanda du temps pour réfléchir. C'était dans l'unique but de sauver sa dignité, car cette demande l'enchantait. N'entrerait-elle pas dans la noblesse? Sa décision fut bientôt rendue ; elle combla de joie les deux amoureux.

La nouvelle vola de bouche en bouche et fut accueillie favorablement, car Fernand avait su se concilier l'estime et l'affection générales. L'avoué et le professeur murmurèrent seuls.

— Hélas ! soupirait ce dernier, le thermomètre de mon amour est descendu au-dessous de zéro ; voilà une expérience qui ne m'a pas réussi ; je renonce à la continuer.

— Ah ! s'exclamait l'avoué, ce traître d'hidalgo a élevé un mur mitoyen entre ma passion et le cœur de M^llε Olympe. Je me désiste sans attendre mon arrêt.

Tout marchait donc au mieux pour nos deux jeunes gens; mais une difficulté se présenta qui faillit renverser tout l'échafaudage de leurs projets.

M. Duval, le père d'Olympe, était un homme d'un caractère un peu sauvage et misanthrope; il avait souffert pendant sa jeunesse, et avait eu à se plaindre assez fortement de ses semblables. Il ne pouvait que difficilement se réconcilier avec l'humanité. Cependant, sous une froide écorce, il cachait des instincts bons et généreux, ainsi qu'un esprit élevé, enclin à la contemplation des paisibles spectacles de la nature.

Marié, il avait trouvé dans sa femme une compagne douce, franche, aimante, malgré ses travers, mais qui n'avait su voir en lui rien au delà des apparences. Sa fille seule avait eu le don de le deviner et de le comprendre. Leurs âmes étaient entrées en communication continuelle, et l'on ne s'étonnera pas que la tendresse paternelle eût pris chez M. Duval des proportions peut-être exagérées. Il devait bien s'attendre qu'obéissant à la voix de la nature, aux exigences de la société, sa fille le quitterait un jour pour aller former une autre famille. Mais jamais

son esprit n'avait pu s'arrêter sur cette idée, et
quand sa femme lui écrivit pour lui faire part de
l'état des choses et lui demander son consentement,
il fut frappé comme d'un coup de foudre.

Mille sentiments confus, étranges, s'élevèrent dans
son cœur. Sous l'empire de cette nouvelle inat-
tendue, il répondit à Mme Duval qu'il ne pouvait
se faire à cette pensée de séparation, qu'un pareil
sacrifice lui était impossible, et que, sous peine de
passer pour un père égoïste et même cruel, il refu-
sait net son consentement à cette union.

D'abord cette réponse plongea les amoureux dans
la consternation. Quel parti prendre?...

Enfin, le jeune homme émit l'avis qu'il fallait
partir sur-le-champ, pénétrer de vive force auprès
de ce père irrité, se jeter à ses pieds, lui faire
comprendre qu'il serait doublement aimé, qu'il aurait deux enfants au lieu d'un, et emporter le consentement dans le feu d'une première entrevue.

Approuvé de la mère et de la fille, le plan fut
adopté.

Un accueil glacial, un langage empreint de colère, un refus catégorique, furent les premiers résultats de cette démarche. Mais Fernand revint à la
charge et réussit enfin à émouvoir cet Othello pa-
ternel.

Il lui prouva qu'il savait le comprendre autant
que sa fille, et qu'il était de force à l'aimer comme
elle. Il déploya tant d'éloquence, il montra tant de
loyauté, de grandeur d'âme, de sensibilité, que
M. Duval fut ébranlé. Les pleurs et les caresses
d'Olympe achevèrent sa défaite.

Quant à Mme Duval, elle nageait dans la joie:
sa fille était enfin comtesse ! Elle inonda, dans son
délire, Paris et la province de lettres de faire part,
sur lesquelles elle fit photographier son château
moderne, qui avait un faux air de vieux manoir.
Cette innovation obtint un véritable succès.

Les titres et qualités de son gendre occupaient
une page entière. Il en ressortait clairement que
Fernand descendait en ligne directe du Cid.

Si, après avoir visité les merveilles de Séville,
vous êtes tenté de faire une excursion aux alentours de cette antique cité, encore toute empreinte
du génie des Maures, égarez-vous dans ces riches
campagnes de l'Andalousie par une belle soirée de

printemps. Au milieu des bosquets verdoyants de
myrtes et d'orangers, vous apercevrez bientôt,
perdues dans cette oasis parfumée, les pointes de
deux tourelles qui semblent regarder discrètement
passer le voyageur perdu dans les ravissements de
ce pays enchanté.

C'est dans cette paisible retraite, berceau à jamais révéré de ses pères, que Fernand, grâce à la
clémence de la reine Isabelle, est venu cacher son
amour. Qui que vous soyez, vous y trouverez à
toute heure une généreuse hospitalité; mais pour
que les portes vous soient ouvertes, il est besoin de
deux mots d'ordre magiques que nous vous di-
rons tout bas : le premier est *Lison*, le second...
Bonheur!

LA GRANDE SALINE

Avant d'entrer dans cet établissement, l'un des plus importants de Salins, disons quelques mots sur la fabrication du sel :

Les eaux provenant de puits ou de sources salées étaient autrefois soumises à une évaporation préparatoire à l'air libre, pour en augmenter la richesse minérale, avant d'être évaporées par l'action du feu. Cette opération se faisait dans des bâtiments dits de graduation, disposés de manière à offrir le plus de surface possible, dans lesquels étaient placés des fagots d'épines dont les parois multipliées mettaient l'eau en contact à l'infini avec l'air qui circulait autour des fagots.

Après cette première opération, qui donnait à l'eau salée un certain degré de concentration, on continuait l'évaporation par le feu à l'aide de chaudières, dont la température, selon qu'elle est plus ou moins modérée, produit un sel cristallisé en tremis ou en grains. A présent, les eaux salées sont amenées directement de la source dans les poêles.

L'opération du salinage dure ordinairement plusieurs jours. On est obligé de la suspendre lorsque le sel cesse d'être pur. Les eaux-mères restées dans la cuite en sont retirées, parce qu'elles contiennent des sels étrangers qu'on est parvenu à neutraliser.

La petite Saline ayant été remplacée par l'établissement des bains, nous parlerons seulement de la grande Saline, située dans la principale rue de la ville. On y remarque encore la porte et la fenêtre ogivales de la chapelle, ainsi que les vieilles tours de Reculot, de Rosières et du Perroquet, qui faisaient partie de l'ancienne Saline.

Cet établissement, qui emploie une quarantaine d'ouvriers, occupe une superficie d'environ 2 hectares. Il fabrique annuellement en moyenne 60,000 quintaux métriques de *sel fin* ou de sel moyen, qui sont vendus dans le Doubs, le Jura, et dans les cantons suisses les plus voisins. On s'y adonne aussi à la fabrication du sulfate de soude et du chlorure de potassium.

Une partie des eaux de ses réservoirs sont conduites par un canal souterrain de 17 kilomètres aux salines d'Arc, qui furent fondées en 1775. Un de ces réservoirs, nommé le *Tripot*, est pavé d'anciennes pierres tombales.

La visite de cet établissement, qui jouissait sous l'ancien régime de grands priviléges, est encore aujourd'hui des plus intéressantes.

LE GÉNÉRAL CLER

Il n'est guère possible de passer toute une saison à Salins sans avoir la pieuse pensée de visiter le cimetière relégué en dehors de l'ancienne enceinte de la ville, aux pieds des pentes rapides qui conduisent au fort Belin.

De tous les monuments élevés par la douleur, il en est un qui, tout d'abord, placé au centre de ce champ du repos, attire les regards. C'est celui du général Cler, dont le pays natal pleure encore la perte si glorieuse et si prématurée.

Ce monument, construit en pierre de Tonnerre, a 3 mètres 50 centimètres de haut; il est d'une élégante simplicité.

Au milieu de la face principale est un médaillon où se trouve le portrait en relief du défunt. Au-dessous, on lit cette inscription :

Gustave CLER, général, commandeur de la Légion d'honneur, né à Salins, le 10 décembre 1814, tué à Magenta le 4 juin 1859.

Et plus bas, ce nom fatal et à jamais célèbre : MAGENTA.

Sur les côtés sont gravés les noms d'Inkerman, Alma, les Babords et Traktir.

Le trophée, placé dans le centre de la partie supérieure du mausolée, est composé d'un faisceau d'armes entrelacées de drapeaux, de branches de chêne et de laurier, sur lequel ressort une couronne d'immortelles.

Ce travail est dû et fait honneur à un artiste fixé à Salins, M. Jean Viard, de Dijon.

Les habitants de la ville se souviendront longtemps encore, avec orgueil, de la pompe inusitée avec laquelle furent célébrées les funérailles d'un de ses plus vaillants fils.

Voici la péroraison de l'éloge funèbre prononcé au nom de la ville sur la tombe du général :

« Une telle mort doit-elle être pleurée ? Ne doit-elle pas plutôt être glorifiée ?

« A ce sujet, Messieurs, laissez-moi vous signaler un usage, bien éloigné de nos mœurs, mais bien touchant ; un usage de l'Espagne, de cette vieille et noble monarchie dont on n'évoque jamais le souvenir en Franche-Comté sans y réveiller d'anciennes et bien légitimes sympathies. Quand un enfant meurt, en Espagne, aucun signe de deuil n'accompagne son corps à l'église ni au cimetière. Au contraire, le drap mortuaire est remplacé par les fleurs

les plus fraîches et les plus brillantes; le lugubre
faux-bourdon disparaît pour faire place à des chants
d'allégresse, à des actions de grâces, et une musique
bruyante et joyeuse, dont les éclats dominent,
étouffent les sanglots de la mère, précède un cor-
tége paré comme aux plus beaux jours de fête. Pourquoi, dans une occurrence pareille, ces chants d'allégresse? demande l'étranger tout étonné. Parce qu'il
y a, lui est-il répondu, plus de sujet d'allégresse que
de douleur dans la mort d'un innocent enfant. Tout
enfant qui meurt est au ciel un appui pour sa famille, car tout enfant qui meurt, c'est un ange qui
vole vers la gloire. La gloire! c'est ainsi que les Espagnols nomment le paradis. Là, en effet, là, seulement, est la gloire qui dure.

« Eh bien, à cette ville de Salins, jadis espagnole, et pleurant pourtant le glorieux enfant qu'elle
vient de perdre, disons ce que lui dirait son ancienne, sa mâle et religieuse métropole : Sèche tes
larmes, noble matrone : des six généraux que le
siècle présent a vu sortir de ton sein fécond, et que
tu as perdus, le dernier fut le plus heureux. Jarry,
Lepin, Marion, tous trois barons de l'Empire, de par
leur épée, les deux Préval, comme eux, n'ont trouvé
que sur la vulgaire couche d'une douleur sans gloire,
la mort qu'ils avaient bravée sur tant de champs de

bataille; plus favorisé par son étoile, Cler est tombé
l'épée au poing, le commandement à la bouche; il
est tombé de toutes pièces.

« Ne le pleure plus, généreuse cité; quand on
tombe ainsi, on ne périt pas : on s'endort dans les
bras de la mort pour s'éveiller au sein de la gloire.
Laisse donc là tes longs habits de deuil, et prépare
bien vite tes plus beaux atours pour inaugurer au
plus tôt, avec orgueil, sur ta principale place, la statue que tu as votée à ton fils héroïque.

« Et toi, Cler, l'ami, le compatriote, le frère de nous
tous, attends en paix le jour prochain de la justice
nationale. Bientôt nous te reverrons sous la forme
que la reconnaissance des peuples consacre aux héros. Le bronze, cet agent des arts de la guerre et des
arts de la paix; le bronze, qui trancha tes jours à
Magenta, va sous peu ressusciter à Salins ta belle
image, pour l'étaler aux yeux de nos générations
futures. Mais, crois-le bien, cette image ne sera pas
plus belle que celle que tu laisses dans tous les cœurs
de la génération présente. »

VUE DU FORT BELIN

LES FORTS BELIN ET SAINT-ANDRÉ

Les forts Belin et Saint-André forment le complément naturel des curiosités qui dépendent, pour ainsi dire, de la ville. Le premier de ces forts fut commencé en 1638 par l'ingénieur Duchamps, et les casernes de Saint-André, entreprises à la même époque, furent terminées en 1646.

Lors de la conquête définitive de la Franche-Comté, Louis XIV ordonna de construire le fort Saint-André; on y travailla activement pendant l'hiver de 1674 à 1675. D'après le conseil de Vauban, on décida d'élever sur le rocher fortifié par les ingénieurs espagnols une escarpe avec parapet pour protéger les nouveaux bâtiments qu'on allait bâtir. Malheureusement, les débris lancés par la mine encombrèrent tellement le cours de la Furieuse, que les habitants du Bourg-dessous, effrayés d'une inondation qui menaçait d'engloutir à la fois leurs maisons et les salines, durent, au péril de leurs jours, déblayer les matériaux qui arrêtaient le cours de la rivière.

En 1680, Vauban ayant présenté au roi un plan

d'ensemble de fortification de Salins, les travaux furent mis en adjudication, mais leur exécution demeura bien incomplète.

Depuis cette époque jusqu'à la première Révolution, le fort Saint-André fut converti en une prison d'État, dans laquelle plusieurs personnages furent détenus plus ou moins longtemps.

On lit encore aujourd'hui, sur le devant du corps de place, la devise de Louis XIV :

Nec pluribus impar.

Plus tard, sous l'Empire, des officiers espagnols y furent enfermés.

Lors de l'invasion des alliés en 1814, les faibles troupes renfermées dans le fort Saint-André, avec des munitions insuffisantes, depuis le 4 janvier, durent capituler avec des conditions honorables le 22 du même mois.

Un chemin large et commode conduit aujourd'hui à ce fort, qui a la forme d'un quadrilatère et qui se compose principalement d'une chapelle, d'un hôpital, et de deux casernes susceptibles d'être blindées.

Il est précédé d'un ouvrage en demi-lune fermé à la gorge par un mur crénelé.

L'accès du fort Belin, placé sur la crête opposée de la montagne, n'est pas tout à fait aussi facile

dans la première partie de son parcours. Sa re-
construction fut commencée en 1828. Il se subdi-
vise en trois parties : le haut et le bas Belin, et la
redoute de Grelimbach. Elles sont défendues l'une
et l'autre par un fossé, une caponnière couverte et
une galerie de contrescarpe. Le même système a
été adopté pour la redoute carrée de Grelimbach,
qui ne date que de 1852.

Du haut Belin, on descend facilement par un es-
calier dans le bas Belin ou ancien Ermitage de
saint Anatoile, qui ne manque pas d'importance.

Les services que ces établissements militaires
pourraient rendre en cas de guerre se trouvent aujourd'hui singulièrement diminués par la citadelle
des Rousses, qui a reporté à l'extrême frontière
cette ligne de défenses.

Nous conseillons aux personnes qui veulent s'y
rendre, de se munir d'une permission du commandant de la place de Salins, ainsi que de chaudes con-
fections. Celles-ci sont d'autant plus utiles que l'air
y est très-vif, et peut agir perfidement sur les touristes qui, n'écoutant que leur ardeur, veulent arriver trop rapidement au but de leurs désirs.

BRACON

Nous engageons les amateurs de souvenirs militaires à visiter aussi les vestiges de l'ancienne lunette de Bracon, qui fut construite par Vauban sur un mamelon qui domine le cours de la rivière la Furieuse de près de 80 mètres de haut.

A quelque distance de là était situé l'ancien château de Bracon, qui eut l'honneur de donner le jour à saint Claude, ce patron si vénéré dans tout le diocèse du Jura, et de servir de résidence aux anciens comtes de Bourgogne. Le roi Réné, duc d'Anjou, fait prisonnier en 1431, y fut enfermé jusqu'en l'année 1436, époque à laquelle il fut appelé au trône de Sicile. Charles le Téméraire vint aussi, dit-on, y cacher sa colère après la défaite de Morat.

ABBAYE ET CASCADE DE GOUAILLES

Le touriste qui ne veut pas se mettre en frais de voitures, le malade qui répare doucement ses forces par un exercice tempéré, se rendront de préférence à cette promenade, distante de trois kilomètres seulement. Gouailles est un hameau de Salins, où l'on se rend par la route de Pontarlier. Il est situé au fond d'un ravin auquel on arrive par un vallon agréablement accidenté, et d'où s'échappe d'une grande hauteur une cascade qui est assez belle après quelques jours de pluie. Elle forme après sa chute mille contours dans lesquels elle englobe des blocs de rochers couverts de mousses et entremêlés de frêles arbrisseaux. La maison que l'on voit auprès faisait autrefois partie d'une abbaye d'Augustins, fondée en 1192 par Gaucher IV, sire de Salins, au retour de la troisième croisade. C'était un asile inviolable pour les criminels. Non loin de la source sont des bosquets et des petits sentiers qui aboutissent à une chapelle de la Vierge, habitée par un ancien soldat de Crimée, qui consacre son temps à embellir cette solitude, qu'on a surnommée le *Bout du monde*.

6

LE VAL D'HERY

La promenade au val d'Hery n'est guère plus longue, car c'est une distance de tout au plus cinq kilomètres à parcourir depuis Salins, d'où l'on sort pour remonter vers la source de la *Furieuse*, qui, des flancs du rocher d'où elle s'échappe, anime successivement une série de moulins et de petites usines étagées en amphithéâtre dans ce lieu agreste, où babillent à qui mieux mieux toutes ces cascatelles impatientes de prendre leur course vers des horizons moins bornés.

LA VALLÉE DE PRETIN

Cette course, un peu plus longue que les deux précédentes, peut se faire indistinctement à pied ou en voiture, en la commençant par le haut ou par le bas de Salins. Si l'on se décide pour le haut, il faut prendre le chemin du fort Saint-André, que l'on contourne du côté de Bracon; en laissant cet ancien château sur la gauche, on pénètre, en descendant par un défilé très-étroit, au *Parc du Roi*, qui conduit bientôt au village de Pretin, situé dans une jolie gorge où bondit, au milieu de fragments de rochers, le petit torrent de *la Vache*, autour duquel une végétation luxuriante dérobe aux regards indiscrets les caprices de son cours et les habitations des paisibles villageois. Le jardin couvert de vitraux devant lequel on s'arrête en passant, occupe, dit-on, l'ancien emplacement du premier jardin botanique qui ait été établi en France au seizième siècle, par Nicolas de Gilley.

En continuant sa course, on arrive bientôt et sans grande fatigue par le village de Marnoz, vers la gare du chemin de fer, d'où l'on rentre dans Salins par l'agréable promenade de la Barbarine.

LE MONT POUPET

ALAISE

Le mont Poupet est à Salins ce qu'est le pic de Sancy au mont Dore, ou le mont du Chat à Aix-les-Bains. Sa hauteur est de 853 mètres au-dessus du niveau de la mer. Lorsque le sommet de son cône est couvert de nuages, c'est un indice de mauvais temps ; les habitants disent : il fera mauvais aujourd'hui, *le Poupet a mis son bonnet ;* l'expérience a démontré trop souvent que le proverbe n'est pas menteur. Ce n'est donc pas le cas de se mettre en route pour en aller faire l'ascension ; il faut choisir un ciel d'azur. Bien qu'il n'y ait que 6 kilomètres depuis Salins au but de l'excursion, les personnes faibles feront sagement de se servir d'ânes en attendant que le chemin carrossable soit terminé (1).

Après avoir suivi pendant un certain temps la route d'Ornans, on appuie à gauche pour arriver à

(1) On peut aller en voiture jusqu'à la ferme des Bossus, située aux deux tiers du chemin.

la petite ferme cachée dans deux pans de rochers verticaux; on atteint bientôt, par un sentier assez rapide, le sommet de la montagne qui porte encore les traces de l'ancien château fort, jadis défendu par des fossés assez profonds creusés dans le roc.

Un spectacle vraiment magique, même pour un homme blasé sur les ascensions des Alpes et des Pyrénées, s'offre à vos regards. Ici, le tapis verdoyant des prairies et des forêts émaillé des silhouettes d'une multitude de villages et de plusieurs villes traversées par les plis ondoyants des rivières ; là, les teintes sombres des montagnes du Jura, et enfin les cimes blanchissantes des éternels glaciers des Alpes, forment une de ces féeries qui élèvent l'âme et vous introduisent dans un monde nouveau. Quel heureux moment pour le touriste ! c'est la plus belle récompense de ses louables efforts et de quelques heures de fatigue !

Si en poursuivant votre route vous quittez ce point culminant, isolé par les révolutions successives du globe, pour atteindre trois petites courbes qui traversent la montagne, une autre surprise vous est réservée, car elle est coupée verticalement à une grande profondeur. Vos yeux, du haut de cette tranchée effrayante, s'égarent sur des horizons encore

6.

plus étendus, dont la magnificence, par un beau
soleil couchant, égale l'incroyable variété.

Cette ascension, qui n'a rien que de très-facile,
est une de celles pour lesquelles on se passionne le
plus ; elle laisse des souvenirs que ni le temps
ni la distance ne sauraient effacer.

Elle s'adresse aux hommes et aux femmes du
monde, au flâneur, au poëte, à l'artiste ; mais le savant, mais le piocheur a bien autre chose à faire vraiment : il se rend à Alaise. Et, d'abord, savez-vous
ce que c'est qu'Alaise? Non, peut-être. Eh bien ! ce
simple mot cache toute une révolution ; il porte dans ses
flancs une guerre qui durera peut-être plus longtemps
que celle de Troie, et, pourtant, il ne s'agit pas de l'en-
lèvement de la belle Hélène. Il s'agit de bien mieux
que cela, vraiment, c'est de savoir si ce village d'A-
laise, en Franche-Comté, département du Doubs,
n'est pas l'*Alesia*, ville renommée par la victoire
définitive que Jules-César remporta sur Vercingétorix et qui soumit les Gaules à la domination romaine.

Jusqu'en l'an de grâce 1855, le village d'Alise,
en Auxois, département de la Côte-d'Or, avait joui
paisiblement, d'après les commentaires de César, de
la réputation exclusive d'être le lieu authentique où
se livra cette bataille à jamais mémorable. Tout allait

pour le mieux depuis près de deux mille ans; les habitants d'Alise dormaient tranquillement du sommeil des justes, lorsqu'un savant s'avise de contester ce point délicat. *Inde iræ.* Tout le monde sait que César, ayant été forcé de lever le siége de Gergovie, ville de l'Arvernie, dut traverser la Seine, pour venir rejoindre, d'une manière précipitée, Labienus, son lieutenant, qui occupait, avec quelques légions, le cours supérieur de ce fleuve. Ce fut après avoir opéré cette jonction indispensable à ses audacieux projets, que César, se dirigeant avec toutes ses forces vers les limites des Lingons et des Séquanes, vint battre Vercingétorix, qui voulait s'opposer à son retour dans la province romaine.

Après sa défaite, le général gaulois, vaincu, mais non désespéré, vint s'enfermer dans Alesia, où, après un siége mémorable qui dura trois mois, il dut capituler : ainsi fut consommée la conquête des Gaules.

Les personnes qui pensent que César a réellement mis le siége devant *Alesia*, qui est aujourd'hui représentée par l'Alise actuel, forment l'immense majorité. Quant à celles qui, se fondant sur les recherches et les inductions de distances et de configurations topographiques, peuvent être amenées à donner la préférence à l'Alaise franc-comtois, nous leur conseillons d'aller satisfaire leur curiosité pendant leur séjour à Salins.

Rien ne leur est plus facile, en prenant une voiture qui les conduit par la route montueuse d'Ornans, qu'elles abandonnent à gauche de Saizenay, pour un chemin très-agréablement ombragé par les arbres de la forêt. Ce chemin aboutit au petit village de Myon, où elles trouveront facilement un guide qui les amènera à travers bois sur le plateau d'Alaise, objet de la controverse. Au bas du village coulent les ruisseaux du *Lison* et du *Todeure*, au delà desquels se dessine une courbe de montagnes qui dominent parallèlement leurs cours.

Chemin faisant, on leur fera remarquer des traces d'anciens fossés, des vestiges de *tumuli* et d'autres indices, dont les auteurs dissidents se sont fait autant d'arguments à l'appui du nouveau système, que nous appellerons système franc-comtois. Puissent ces visites élucider cette question gallo-romaine, qui aurait pu prendre l'importance de l'éternelle question d'Orient, si les fouilles faites récemment à Alise, Sainte-Reine, par ordre de l'Empereur, n'eussent fourni de nouvelles preuves, et des plus concluantes, en faveur de cette dernière localité.

ENTRÉE DE LA SALINE D'ARC

DEUXIÈME PARTIE

LA SALINE D'ARC

L'ÉGLISE DE SENANS, ET LE CHATEAU DE ROCHE

Cette excursion, l'une des plus intéressantes des environs de Salins, est très facile, puisqu'elle se fait rapidement par le chemin de fer jusqu'à la station d'Arc; elle remplit on ne peut plus agréablement l'intervalle de temps qui sépare le déjeuner du dîner.

La saline d'Arc, succursale de celle de Salins, est alimentée à l'aide de tubes souterrains correspondant avec cette dernière. On y entre par un portique monumental, dans le style lourd des anciens octrois de Paris construits par Ledoux en 1775, qui importa en Franche-Comté cette triste architecture; mais elle n'y a heureusement pas fait de prosélytes. Le dessous du porche est composé de gros

blocs de pierre imitant des stalactites. Sur le médaillon qui forme le centre, on lisait d'abord cette
inscription : *Saline Royale*, puis du *Roi ;* on eût pu
y substituer les mots de République ou d'Empire.
mais on a préféré laisser le mot dans le vague.
On arrive au bâtiment par une cour disposée en fer
à cheval, autour de laquelle sont groupées les
constructions servant à l'exploitation. Tout est
triste dans cette enceinte : maisons et jardins ont la
mine renfrognée.

L'infortunée Marie-Antoinette forma dans le
temps le projet d'y séjourner pour se livrer au plaisir de la chasse à courre dans la forêt de Chaux,
sur la lisière de laquelle cet édifice est bâti. Elle ne
mit heureusement pas ce projet à exécution ; c'est
une tristesse de moins à ajouter à toutes celles qui
empoisonnèrent la fin de sa vie.

La visite à la charmante église de Senans, vient
fort à propos faire diversion à ces premières im-
pressions de votre promenade. Ce monument, dont
la réédification ne date que de quelques années, n'a
rien de bien remarquable; mais il a été décoré avec
autant de goût que de magnificence par M. de Grimaldi, qui a procuré aux amateurs de beaux-arts
une surprise d'autant plus agréable, qu'on ne s'attend guère à trouver dans une humble église de

village des œuvres qui feraient l'orgueil de plus
d'une basilique. Le marbre, les bronzes, les bois
sculptés et les tableaux qui y sont placés attirent
tour à tour l'attention.

Derrière le maître-autel, en marbre blanc, ap-
paraît, au milieu de rayons lumineux, le *Martyre de
Saint-Bénigne*, patron de la paroisse, peint par
M. Giacomelli, un artiste italien fixé à Paris. Les
vitraux qui éclairent le chœur sont d'un bel effet ;
ils ont été exécutés d'après les dessins de M. César
Gariot, artiste espagnol, et représentent saint Au-
gustin, saint Grégoire le Grand, saint André et
saint Eugène, patrons de la famille du donateur.

Les quatre tableaux qui décorent le chœur sont
dus au pinceau de Claude Vignon, peintre du temps
de Louis XIV; ils représentent l'*Histoire de la
Vierge*.

Ceux qui ornent la chapelle de la Vierge, sup-
portée par quatre colonnes en marbre d'ordre
ionique, ne sont pas moins intéressants; celui du
centre est une *Assomption*, par M. Gariot; celui de
droite, une *Sainte Famille*, par Schidone, provenant
de la galerie du prince de la Paix, et celui de
gauche, la *Rédemption*, par Pereda, qui faisait
partie de la galerie du maréchal Soult.

Dans la chapelle de saint François-Xavier, sur

l'autel, un *Saint François-Xavier*, par un peintre de Vesoul, M. Carriage; à droite, le *Christ et la Chananéenne*, par An. Carrache, et à gauche *Saint Joseph et l'Enfant Jésus*, attribué à Murillo, provenant de la galerie Aguado.

Dans la chapelle de saint Jean-Baptiste, un *Saint Jean* baptisant le Christ, par M. Gariot, puis l'*Ensevelissement du Christ*, par Gérard Seghers.

Enfin, dans la chapelle de saint Isidore, figure, dans le retable, *Saint Isidore,* garçon de ferme, canonisé à Madrid sous Philippe II. Ce saint est en grande vénération dans toute la Franche-Comté, où il était très-populaire sous la domination espagnole. Autour de cette toile, peinte par Pharamond Blanchard, en 1852, on lit cette légende : *Dùm Isidorus arabat, orabat pro eo Angelus.* Au-dessus du confessionnal est un bon tableau de Gaspard de Crayer, la *Vierge au donataire*, dont le style rappelle Van Dyck.

L'ornementation de cette église, dont les voûtes sont sur fond de ciel azuré parsemé d'étoiles, est complétée par une charmante chaire à prêcher, en bois sculpté dans le style de la Renaissance, exécutée avec beaucoup de goût par un artiste de Besançon, M. Vuillemot.

A dix minutes du village d'Arc-Senans se trouve

le château de Roche qui, bien qu'assez ancien déjà, n'offre rien de remarquable; mais il est bien situé et entouré de beaux ombrages. Il est bâti sur les ruines d'un ancien fort. En pénétrant sur la terrasse du jardin, on entre dans un kiosque d'où l'on embrasse du même coup d'œil le cours de la rivière de la *Loue* et un paysage des plus variés. Au-dessous de cette pointe de terre se trouve une caverne dont les flancs sont incessamment battus par les flots, qui emportent rapidement des trains de radeaux se dirigeant sur le littoral de la Saône et du Rhône.

Si l'on en croit les géologues, la vallée de la Loue faisait partie d'un bassin d'alluvion tertiaire qui, d'après les traditions du pays, aurait été le théâtre d'une aventure qui rappelle celle de Héro et de Léandre. Mais messieurs les géologues sont doués d'une telle dose d'imagination, qu'on ne saurait guère accepter leurs conjectures que sous bénéfice d'inventaire; aussi, ne faut-il pas trop vous appesantir sur les malheurs de ces amants, de peur de manquer le convoi du chemin de fer qui revient à Salins, et qui pis est encore... l'heure du dîner.

LE GOUR DES CONCHES

La promenade au *Gour des Conches* est une des plus agréables et des plus faciles pour les étrangers qui séjournent à Salins. On suit, pour y arriver, la route qui va à Sainezay; c'est une ascension continuelle jusqu'au moment où, après avoir dépassé le mont Poupet, on prend sur la gauche un chemin qui vous conduit bientôt, à travers les frais ombrages de la forêt, sur un pont assez frêle, sous lequel s'échappe en bruissant la cascade, qui se précipite de près de 60 mètres de hauteur dans l'abîme que ses flots ont creusé et poli.

On peut, du pont, jouir de l'effet de cette chute d'eau, qui va se perdre en murmurant sous un dôme de verdure; mais nous conseillons aux moins timides de descendre dans le lit même de la cascade. C'est un voyage peu dangereux, car l'administration des bains a fait pratiquer, dans le flanc droit de la montagne, un petit sentier en zigzag par lequel on arrive en quelques minutes, sans encombre, au pied même du torrent.

Prosternez-vous y, non point pour l'adorer comme

une demi-divinité païenne, mais tout simplement pour vous y désaltérer, ou pour y admirer tout à l'aise les capricieux contours de la nappe d'eau à travers des espèces de conques creusées dans le roc, d'où lui est venu par corruption le nom des *Conches*.

Cette cascade, encadrée dans un berceau de verdure, est d'un effet pittoresque, sévère même, mais n'a rien de bien effrayant ; un agneau viendrait s'y désaltérer sans crainte d'être croqué à belles dents, comme celui de la fable, par monseigneur le loup.

Cet animal est à peu près inconnu dans ces charmantes solitudes où l'idylle est plus en honneur que les drames sanglants.

On se rend ordinairement de Salins à cette cascade, en voiture, en une heure et quart ; il est donc très-facile de faire cette promenade, soit entre le déjeuner et le dîner, soit, dans les plus grands jours, même après dîner.

LE CHATEAU DE NANS

MIRABEAU ET SOPHIE

Une des excursions capitales, et nous pourrions dire obligatoires aux environs de Salins, est sans contredit celle de la source du Lison. On s'y rend en deux heures, soit par des voitures particulières, soit par des omnibus dont le départ concorde avec le service des bains.

Après avoir dépassé Saizenay, en suivant la route d'Ornans, on entre par une gorge assez rapide dans le joli val de Nans, qui est entouré de tous côtés par des montagnes très-élevées et d'un aspect des plus riants et des plus variés. Dans ces régions vraiment privilégiées de la nature, le sapin vient se marier de la façon la plus pittoresque au hêtre et au chêne.

Tout respire le calme et l'aisance dans ce bienheureux village de Nans ; il n'est pas jusqu'à ses maisons qui ne soient parées de leurs plus belles couleurs pour saluer votre bienvenue.

Faut-il s'étonner que ce pays merveilleux ait vu
grandir dans son sein une de ces passions violentes
et irrésistibles qui a bouleversé plus d'une existence
et rempli l'Europe de ses éclats et de ses scandales?

Au milieu des riantes habitations du village, il
en est une dont l'importance et l'air de vétusté mal
déguisée sous le maquillage du badigeon excitent
quelque surprise. — C'est l'ancien château, jadis
flanqué de tours, du marquis de Monnier, seigneur
de Courvière, Mamerole, Nans, et autres lieux, et de
plus, président de la Chambre des comptes de Dôle,
qui commit la folie d'épouser, au déclin de sa carrière, une jeune fille de dix-huit ans.

Ce frais bouton de rose, ce trésor d'esprit et de
grâce, n'était autre que la charmante Sophie de
Ruffey, que son père, président à la Chambre des
comptes de Bourgogne, jeta dans les bras d'un sep-
tuagénaire. Quel ne dut pas être le supplice de cette
blonde jeune femme aux yeux bleus, à l'imagination
ardente, qui, deux ans auparavant, avait déjà failli
épouser un autre vieillard, Buffon. Elle l'avait
trouvé, non sans raison trop prosaïque, parce qu'il
avait écrit cet horrible blasphème : « Qu'en amour
« il n'y a que le physique de bon et que le senti-
« ment qui l'accompagne ne vaut rien. »

Un rayon de soleil vint ranimer cette fleur qui

7.

menaçait de s'étioler dans la froide atmosphère du toit conjugal, lorsque, le 11 juin 1775, Mirabeau lui apparut pour la première fois à Pontarlier.

Le jeune gentilhomme, enfermé alors au fort de Joux, par ordre de son père, pour maintes escapades, avait été amené dans cette petite ville par M. le comte de Saint-Maurris, commandant du fort, pour rendre compte de la solennisation du sacre de Louis XVI.

Pour ces deux cœurs qui souffraient par des motifs bien opposés, cette entrevue fut une révélation; l'amour en naquit avec toutes ses joies.

Admis chez le marquis de Monnier, les visites de Mirabeau ne se bornèrent point à Pontarlier; grâce à la complaisance du comte de Saint-Maurris, amoureux pourtant lui-même de la marquise, il put aller la visiter dans ses divers domaines. Celui de Nans était une de ses résidences privilégiées; au milieu de cette solitude, tantôt errant à travers les capricieux méandres du Lison, tantôt s'égarant sous les frais ombrages des forêts, les amants s'enivraient des pures et fraîches saveurs de l'amour. Ils affectionnaient surtout la cascade du Vernaux, que sa proximité du village et son caractère sauvage leur avaient fait adopter pour leur promenade favorite. Non-seulement ils y échangèrent bien des serments, mais,

si l'on en croit la tradition, on prétend avoir re-
trouvé sur un vieil arbre leurs chiffres entrelacés.

Ce fut certainement du château de Nans que Mirabeau, dans son enthousiasme méridional, écrivait
ces lignes :

« Je cherchais un consolateur, et quel consolateur
« plus délicieux que l'amour? Jusque-là je n'avais
« connu qu'un commerce de galanterie qui n'est
« point l'amour, qui n'est que le mensonge et la
« profanation de l'amour. Ah! la froide passion
« auprès de celle qui commençait à m'embraser...

« Je la trouvai, cette femme adorable et trop
« aimante, je l'étudiai complaisamment, je m'ar-
« rêtai trop à cette contemplation délicieuse. Je
« sus ce qu'était cette âme formée des mains de la
« nature dans un moment de magnificence. »

Hélas! c'était le premier chapitre du roman qui
devait se dénouer si tristement plus tard. Que vous
dirons-nous que personne ne sache déjà? Sophie,
tyrannisée par son ridicule époux, calomniée par sa
propre famille, ne put résister à ces élans d'éloquence qui avaient déjà subjugué bien d'autres
femmes, et qui plus tard devaient, du haut de la
tribune, dominer tout un peuple.

Elle s'enfuit en Suisse, non point enlevée par son
ravisseur, ainsi que tendrait à le faire croire un

jugement inique rendu à Pontarlier, mais de son plein gré et nonobstant les observations de Mirabeau.

Obligés de passer en Hollande, où ils vécurent au milieu de privations de tous genres, les deux amants, arrêtés à Amsterdam, furent conduits à Paris, où Sophie fut d'abord enfermée dans une maison de discipline de la rue de Charonne, dirigée par une demoiselle Douai, puis envoyée à Gien, au couvent des dames de Sainte-Claire.

Quant à Mirabeau, il fut emprisonné, le 7 juin 1777, au donjon de Vincennes, d'où il ne sortit que le 13 décembre 1780. Ce fut de cette prison que, grâce à la bienveillance du lieutenant de police Lenoir, il put, sous le contrôle de Boucher, premier commis du secret, écrire ces admirables lettres à Sophie, qui, purgées de ce qu'elles avaient de trop confidentiel (car Dieu sait si ces sincères confessions étaient destinées à être jamais publiées), resteront comme un modèle de style et de tendresse passionnée. Ces lettres alimentèrent, pendant plus de quatre années, cette passion dont le feu devait s'éteindre peu à peu. Mirabeau, d'après des rapports peu charitables sur la conduite de Sophie, qui recevait au couvent de Gien des visites de quelques notables, heureux de lui offrir leurs hommages, changea le ton de ses lettres, qui, d'aigres-douces,

s'envenimèrent tellement, que toute correspondance
dut peu à peu cesser entre les deux amants.

Aussi, au sortir de sa prison, Mirabeau, le croi-
rait-on? ne s'empressa point d'aller embrasser celle
qu'il avait tant aimée. La jalousie, ce ver solitaire
de l'amour, s'était glissée dans son cœur, et lorsque
plus tard, averti de la maladie de Sophie, il se rendit, déguisé en colporteur, au couvent de Gien, les
reproches firent place aux tendresses. L'amour était
mort, les galantes assiduités de quelques hobereaux
et certaines imprudences l'avaient tué pour toujours!
L'âme de Sophie en fut brisée. Après avoir lutté
encore longtemps, elle s'asphyxia, le 9 septembre 1789.

Cette fin tragique n'est-elle pas une expiation?
Nous ne sommes pas assez enthousiaste pour nous
joindre à ceux qui voudraient élever un piédestal à
cette âme ardente, à laquelle il a dû être beaucoup
pardonné, parce qu'elle a beaucoup aimé. « Que
celui qui est sans péché lui jette la première pierre, »
dirons-nous volontiers avec le divin moraliste ; mais
de cette indulgence à une apologie, la différence est
grande. Nous ne saurions contribuer, pour notre
part, à ériger en héroïne cette femme qui, sous l'influence d'une grande passion sans doute, a écrit des
épîtres plus que profanes.

LA CASCADE DU LISON

LE CREUX BILLIARD — LA GROTTE DES SARRASINS

Mais revenons à notre promenade. Deux chemins
se présentent pour gagner depuis Nans la cascade
du Lison; l'un, le plus court, par la route ordinaire;
l'autre, en suivant le cours capricieux du Lison.
Celui-ci est parsemé de tant de fleurs, de tant d'ombrages et de tant de mille agréables surprises, que
nous n'hésitons pas à le recommander aux poëtes et
aux amoureux; il va sans dire qu'il est le plus long.

De toutes manières, on arrive sans trop de fatigue auprès du moulin, dont les tournants sont mus
par la cascade. Elle s'échappe en bondissant avec
fracas, et par plusieurs étages disposés en amphithéâtre, des flancs d'une profonde caverne creusée
au bas de la montagne, qui se dresse devant vous
de toute la hauteur de ses 300 mètres.

L'aspect de cette belle chute d'eau est des plus
imposants; elle reflète, à certaines heures du jour,
les brillantes couleurs de l'arc-en-ciel. Si, poussé
par la curiosité, vous voulez pénétrer dans l'inté-
rieur même de la grotte, ce qui est chose facile,

munissez-vous de châles et de vêtements assez
chauds pour éviter de gagner un rhumatisme qui,
plus tard, diminuerait singulièrement les bons souvenirs de votre excursion.

Le complément indispensable de cette visite est
une ascension au creux Billiard. On y arrive par
une rampe assez escarpée, au sommet de laquelle
on pénètre, abrité par des berceaux de verdure na-
turels, vers un véritable abîme, d'où se précipite,
d'une grande hauteur et tout d'un jet, un torrent
impétueux. Rien n'est triste et imposant comme cet
immense entonnoir. Au milieu s'élèvent deux blocs
de pierre sur lesquels les aigles des montagnes
viennent souvent se reposer. C'est un site d'une
étrange sauvagerie digne du pinceau d'un nouveau
Salvator Rosa.

Cette première partie, qui est la supérieure, est
dominée par une espèce de galerie où des chèvres
viennent paître toute l'année et y passer la nuit,
même pendant l'hiver.

L'accès de la partie inférieure est défendu par
d'énormes pans de rochers qu'il faut escalader pour
arriver vers une caverne dont les entrailles, d'une
profondeur incalculable, vont rejoindre celles du
Lison.

De retour au moulin, on se dirige par un pont jeté

sur le ruisseau vers la grotte ou *Baume des Sarra-sins*, où l'on arrive par des prairies charmantes et de capricieux sentiers, pratiqués avec beaucoup de goût et de discernement par les soins et aux frais de M. de Grimaldi. Cette grotte est ainsi surnommée parce qu'elle servit, dit-on, de refuge aux Sarrasins, lorsqu'au huitième siècle ils furent chassés de France par Charles Martel.

La coupe de cette magnifique excavation est des plus grandioses; les stalactites et des roches mous-seuses en forment les principaux ornements. La hauteur du dôme a près de 100 mètres. Une recon-naissance aux flambeaux est des plus curieuses, surtout quand on la fait en nombreuse compagnie; les silhouettes des personnages prennent alors les aspects les plus bizarres et vous initient aux sur-prises d'un monde fantastique qui vient se réfléter dans le sombre miroir des eaux endormies.

Au sortir de cette grotte, on aperçoit en face, sur la montagne opposée, un groupe de rochers dont la structure, par un de ces accidents mystérieux de la nature, forme le profil exact de Louis XIV, coiffé de sa royale perruque. Si cette maxime, le vrai peut quelquefois n'être pas vraisemblable, doit être ap-pliquée en toute sincérité, c'est certainement à ce portrait d'un nouveau genre. Tels sont les points d'excursion ordinaires lors de la visite à la cascade du Lison, et la journée, comme on le voit, n'a pas été perdue.

On peut cependant l'employer mieux encore, en partant de très-bonne heure de Salins, afin de monter depuis la source du Lison jusqu'au plateau de Migette, qui surplombe toute la vallée de Nans et le cours de la rivière. Si, une fois arrivé, vous vous hasardez sur le pont du Diable, vous dominez alors la cascade du creux Billiard, dont on embrasse ainsi l'ensemble sévère sous un aspect tout à fait nouveau. De ce point culminant, des souvenirs historiques vous entourent de toutes parts. Ici sont les ruines du fort Sainte-Anne, qui soutint un siége mémorable, en 1638, contre les bandes de Weimar, général suédois, soudoyé par le cardinal Richelieu. Là, les restes d'un antique manoir, bâti sur le cône aride de Montmahoux, puis les vestiges des anciennes citadelles dépendant du campement d'Alaise, qui a tant occupé les savants depuis quelques années. Mais une journée sera bien courte et trop fatigante peut-être pour accomplir en entier ce trajet ; aussi, nous conseillons aux touristes de consacrer une seconde journée à visiter le pont du Diable et les ruines du château Sainte-Anne.

LE PONT DU DIABLE

LE CHATEAU SAINTE-ANNE

Comme cette excursion est assez longue, il est important de partir de Salins à neuf heures du matin.

On se dirige vers le mont Cernans, le plateau de Dournon, qui borde les grandes sapinières du Jura, le village de Crouzet, et, de là, on se rend en vingt minutes environ au-dessus de la cascade du pont du Diable, dont l'aspect sauvage et grandiose offre un caractère merveilleux.

Enfin, on arrive à pied et par un chemin assez rude au château Sainte-Anne. Les restes imposants de cette antique forteresse prouvent que, longtemps encore, elle aurait pu braver l'action du temps, moins destructive que la main des hommes.

Les beautés naturelles de ce lieu, la grandeur du spectacle, la majesté des horizons que le regard parcourt avec étonnement, sont impossibles à décrire.

Le soir, on rentre par Migette et Nans, ou bien par Dournon, Thésy et Aresche. Ce dernier village, situé au bord d'un abîme, domine la Bourgogne et s'avance sur l'étroite vallée que l'on aperçoit au loin, entre le fort Saint-André et le vallon de Pretin.

TROISIÈME PARTIE

ARBOIS — LES PLANCHES

L'excursion à Arbois et de là aux Planches offre un double attrait, celui de l'histoire et celui de la nature. Arbois, il faut bien qu'on le sache, n'est pas seulement une ville charmante au milieu de laquelle mugissent en bondissantes cascades les eaux de la Cuisance, dont l'humide poussière donne une éternelle fraîcheur à ses vieilles murailles toutes tapissées de verdure et de fleurs, et à ses fouillis de maisons en saillie; non, Arbois, comme toutes les villes frontières fatalement exposées à changer de maître, eut ses jours de grandeur et de tristesse.

Ce fut certainement dans la première de ces périodes, en 1528, que dut être bâtie son église de Saint-Just, dont le clocher a un caractère assez original. En y entrant, on n'y rencontre plus de fie

hidalgo, pas plus que de piquante señora qui se
dérobe aux regards indiscrets sous le voile de sa
mantille; mais on trouve sous l'abri de ses nefs les
élégantes sculptures de sa chaire à prêcher, et quelques tableaux dignes d'attention : l'un, la *Présentation au Temple*, est l'œuvre franchement peinte
d'un artiste de l'ancienne école française, le second,
une *Sainte Thérèse* embrasée de l'amour divin, qui a
le caractère mondain de l'époque des Vanloo; enfin,
le troisième est une page remarquable par sa couleur, qui représente le *Repos de la sainte Famille* :
un ange apporte avec saint Jean des grappes de
raisin à l'Enfant Jésus. Il est ainsi signé : L. E.
Quellinus Junior F. *Antverpie*, anno 1675. A la
richesse du coloris, il est facile de voir que le peintre
d'Anvers s'est inspiré des maîtres italiens.

Ce dernier tableau se voit dans une des chapelles
de droite, voisine de celle où l'on peut lire l'inscription suivante, placée sur une grande plaque fu-
néraire de marbre noir :

« Ne vous travaillez point
« De me faire un tombeau,
« Mes chers amis d'Arbois,
« De porphire ou de marbre ;
« Assez m'honorera

« Où je fus pendus l'arbre.

« Pas ne m'en pourriez

« Eriger un plus beau.

Ce modeste monument rappelle le drame le plus sanglant de l'histoire d'Arbois. En 1595, la ville, assiégée par Henri IV en personne, sut résister, sous l'énergique conduite d'un vaillant capitaine nommé Morel, dit le *Prince*, qui commandait une poignée de braves. Écrasée par la supériorité du nombre, elle capitula le 7 août, mais le maréchal de Biron, oubliant les clauses du traité, livra la ville au pillage et à l'incendie, et fit pendre l'illustre Morel, qui n'avait eu d'autres torts que de défendre la ville en héros, pour le roi d'Espagne, alors son maître. On voit encore l'arbre où, dit-on, l'infortuné Morel fut pendu, le 7 août 1595.

C'est pour honorer le souvenir de leur intrépide défenseur, que les habitants d'Arbois gravèrent dans l'église l'inscription qu'on vient de lire.

Plus tard, cette ville fut prise, d'abord sans résistance, en 1668, par l'armée du prince de Condé, puis capitula avec les Français en 1674, lors de la deuxième conquête de la Franche-Comté, après une brillante défense sous la conduite de M. de Mérona, son gouverneur.

Il ne faut pas que ces souvenirs historiques, si

sanglants qu'ils soient, vous fassent oublier le splen-
dide déjeuner qui vous attend à la *Pomme d'Or*,
dont un ancien chef du ministre Courvoisier, maître
Zénon Coutouli , fait les honneurs.

Ce nom de Zénon, nous rassure sur le sort de cet
artiste culinaire; il doit être assez philosophe pour
n'être pas tenté d'imiter jamais le trop sensible Vatel.
Du reste, aujourd'hui la chose est impossible : grâce
au chemin de fer, la marée arrive partout, même à
Arbois.

Si d'Arbois vous poursuivez votre route vers la
vallée des Planches, en remontant le cours de la
Cuisance, deux vallons se présentent à vos regards.
L'un d'eux appelé la BAUME (1) ou la *Grande Source*,
est terminé par une cascade qui sort avec fracas
d'une excavation de rochers formant au-dessus
de vos têtes une majestueuse coupole de plus
de 200 mètres de hauteur; on dirait les débris
gigantesques d'un cirque antédiluvien.

Lors de la saison des pluies, la masse devient si
considérable qu'elle jaillit par sa seule force de résistance pour se répandre dans les bas-fonds des prairies
ombragées de grands arbres, discrets témoins de

(1) *Baume*, terme d'origine celtique très-usité en Franche-
Comté, qui signifie : caverne, excavation.

maintes parties champêtres que le vin d'Arbois vient souvent égayer.

Sur la droite, au-dessus d'une énorme masse de rochers, une croix forme la limite du parc de l'ancien château de la Châtelaine. Cet hémicycle de rochers est plus élevé que les plus hauts monuments, et même que les pyramides d'Égypte. On raconte qu'il y a quelques années, un bœuf s'étant engagé sur la rampe étroite située à peu près à moitié de sa hauteur, y aurait probablement péri faute de nourriture, si l'on ne se fût avisé d'un singulier stratagème pour le faire sortir de cette impasse. A l'entrée du passage qu'il avait pris, on agita devant lui, comme dans les combats de taureaux, un morceau d'étoffe rouge, dont l'aspect le rendit tellement furieux, que, sans penser au danger auquel il s'exposait en côtoyant l'abîme, il s'élança sur le lambeau écarlate et put enfin regagner son chemin.

La caverne d'où s'échappe la grande source est tellement profonde, qu'on n'a pu encore pénétrer jusqu'au fond.

Vers 1825, une société d'amateurs organisa, pour sonder ses entrailles mystérieuses, une véritable expédition; mais quel ne fut pas leur effroi, en apercevant à la lueur des torches deux squelettes qui portaient des colliers, et à leur côté une lame de

couteau ou stylet en bronze? Ces objets sont actuel-
lement déposés au Musée de Lons-le-Saulnier.

On rapporte que Masséna, passant par la Franche-
Comté, eut aussi la curiosité de visiter cette caverne
avec quelques habitants munis de barques, d'é-
chelles et de torches. Après une excursion souterraine de huit heures, ils furent arrêtés par une
immense nappe d'eau au-dessus de laquelle se
glissait, par une étroite ouverture, un mince rayon
de soleil. Ce fait s'explique facilement par l'existence, assez fréquente dans ces contrées, d'enton-
noirs, dit *lazunes*, des eaux fluviales, formés par les
nombreux bouleversements des terrains jurassiques.

Le vallon de *la Petite Source* est bien plus riant:
c'est un vaste amphithéâtre de verdure dont les
hauteurs, couronnées par une ceinture de rochers de
formes bizarres, ont souvent retenti des cris joyeux
des visiteurs.

La source s'élance du fond des bois en bruyantes
cascatelles pour franchir du milieu du vallon un pan
coupé de terrain, d'où elle tombe en une belle cascade de près de 15 mètres de haut; plus bas,
même accident, même chute d'eau qui bondit dans
un large bassin splendidement décoré par le caprice
de la nature.

La principale curiosité qu'on y rencontre est une

jolie grotte découverte en 1859 au milieu de tufs, et ornée de stalactites d'une rare délicatesse et d'une grande transparence. Aucune excavation de ce genre ne saurait lui être comparée, car elle réunit en miniature tous les genres de beautés capricieuses qu'on trouve éparses dans les grottes d'Arcis, en Bourgogne, et d'Oxelles, dans le département du Doubs. Vues à la lueur des flambeaux, ses cristallisations, d'une extrême blancheur, forment une série d'ornementations légères et fantastiques que le style moresque pourrait envier. Cette excursion souterraine est certainement une des plus agréables surprises qu'on puisse imaginer ; on dirait un conte des *Mille et une Nuits*.

LA CHATELAINE

La visite à la Châtelaine est le complément de cette excursion ; c'est l'une des plus intéressantes qui se puissent faire dans les environs de Salins. Si la course est un peu longue, on en est amplement récompensé, d'abord par l'admirable point de vue dont on jouit depuis la pointe de rochers qui domine non-seulement toute la vallée d'Arbois avec ses caractères si variés d'oppositions, mais encore l'immense bassin des plaines du Doubs et de la Bourgogne, et la chaîne du Jura.

Viennent ensuite les souvenirs historiques qu'évoquent les ruines imposantes du vieux manoir féodal, ancien séjour des sires de Châlon, qui fut successivement habité par Jeanne d'Arbois, reine de France, et par Marguerite, comtesse de Bourgogne, morte en 1382. Bien que démantelé par ordre de Louis XI, certaines parties, entre autres la poterne et les oubliettes, sont encore reconnaissables.

A ces attraits déjà si puissants vient se joindre celui que présente le château actuel, avec ses deux tours, appartenant à M. le comte de Banans, parfait

modèle du gentilhomme d'ancienne race, plus fier
pourtant des nombreuses et graves blessures dont
l'a glorieusement stigmatisé la bataille d'Eylau que
des plus nobles pièces de son vieux blason. Le parc
qui entoure le château est des plus accidentés ; c'est
à l'une de ses extrémités que s'élève, sur la pointe
de rocher qu'on aperçoit depuis le creux du vallon
de la Grande Source, une croix dont la silhouette se
détache sur l'immensité de l'horizon de la façon la
plus pittoresque. Nous ne quitterons pas la Châtelaine sans protester contre les insinuations calom-
nieuses lancées à diverses reprises contre une de
ses anciennes maîtresses, Mahaut d'Artois, qui, au
dire de certains historiens, aurait fait brûler, pour
les dérober à la famine, les malades enfermés dans
l'hospice qu'elle avait fondé. Le remède eût été pire
que le mal ; c'est une cruauté invraisemblable, car
tous les actes de cette princesse si charitable viennent lui donner un éclatant démenti.

VADANS

Il est difficile de dire adieu à la jolie vallée d'Arbois sans aller faire une visite à la tour de Va-

dans, qui, semblable à une sentinelle vigilante, domine de toute sa hauteur le charmant pays qui
l'entoure.

Ce modeste village, situé à huit kilomètres seulement d'Arbois, d'où l'on suit, pour s'y rendre, le cours
de la Cuisance, est couronné par un ancien château
féodal qui eut à subir plusieurs siéges. C'est dans
la partie inférieure de l'ancien donjon qu'ont été
inhumés les restes du général Delort et de sa fille,
dont un beau mausolée rappelle le pieux souvenir.

Le château moderne, entouré aujourd'hui de riants
jardins, a été transformé par Mme la baronne Delort en une magnifique habitation, d'où l'œil embrasse un panorama des plus agréables et des plus
variés.

Voilà pour le vulgaire des touristes; ceux pour qui
les arts ont un attrait sacré y trouveront encore un
autre intérêt, car c'est dans cet humble amas de
maisons que naquit, en 1732, un sculpteur distin-
gué, Claude Dejoux, qui, de simple paysan, devint
successivement membre de l'Institut et recteur des
écoles de peinture et de sculpture.

Les œuvres du Puget, qu'il eut occasion d'admirer à Marseille, où il était ouvrier menuisier, déci-
dèrent de sa vocation; il se rendit à Paris, où il fut
admis dans l'atelier de Guillaume Coustou. Un de

ses amis, Pierre Julien, l'emmena avec lui à Rome, où il résida de 1768 à 1774. On lui doit plusieurs belles statues, entre autres un *Saint Sébastien mourant*, *Catinat*, le groupe colossal d'*Ajax enlevant Cassandre*, et autres ouvrages importants.

La fontaine monumentale que l'on voit sur la place de l'église de Vadans est de lui, ainsi que les statues d'Esculape et d'Hygie, qui décorent une des salles de l'hôpital d'Arbois. Dejoux mourut en 1816.

N'oublions pas, en terminant, d'indiquer une maison située au pied de la tour de Vadans, qui peut ménager plus d'une surprise : c'est la résidence d'un antiquaire devenu ermite, qui accueille, avec une aimable cordialité, les étrangers qui veulent bien le visiter.

VILLENEUVE

LES PLANCHES DE CHAMPAGNOLE, SIROD,
LES GROTTES D'OXELLES

Telles sont les principales excursions dont on peut
faire autant d'agréables et instructives distractions
pendant le séjour aux bains de Salins.

Là, cependant, ne se bornent point les richesses
pittoresques dont la nature a si généreusement doté
le Jura et la Franche-Comté.

Il existe encore dans les environs, mais à des distances assez éloignées, des buts de promenades sur
lesquelles nous croyons devoir, en terminant, appeler l'attention de nos lecteurs.

C'est d'abord Villeneuve, d'où l'on doit se rendre,
depuis le village d'Arc, à travers la belle forêt
agréablement percée par des routes forestières très-
praticables pour les voitures, et dont les magnifiques
sapins séculaires sont assez espacés pour permettre,
sans descendre de voiture, d'admirer à chaque ins-
tant des échappées de vue dont l'aspect rappelle les

belles décorations d'Opéra, auxquelles elles auraient pu servir de modèle.

Cette course peut être accomplie de 9 heures du matin à 6 heures du soir, en déjeunant, soit à Villeneuve, chez Lefranc, ou mieux encore, en emportant des provisions qu'on peut gaiement épuiser à la fontaine du Chevret. Pour que la fête soit plus complète, le retour doit s'opérer par la route si accidentée de Pontarlier. Une autre course plus longue, mais aussi plus variée, est une visite aux Planches de Champagnole.

Il faut d'abord se rendre à Champagnole, situé dans une plaine où coule la rivière d'Ain, y visiter les forges, puis se rendre à Siam, où se trouvent d'autres forges et de belles chutes d'eau.

On remonte ensuite la rivière d'Ain par un paysage des plus accidentés, à travers des forêts de sapins, jusqu'au bourg de Sirod. Au-dessus du bourg, on voit la source de l'Ain, qui sort d'une espèce de puits, au milieu d'un bois. Derrière, est une grotte très-spacieuse, dans laquelle on peut pénétrer fort loin avec des torches.

C'est en remontant le cours de la rivière, par un chemin très-encaissé, que l'on jouit de la belle cascade de Sirod, qui est divisée en deux parties, l'une alimentée par les pièces d'eau des forges, et l'autre

par une série d'accidents de terrain, à travers lesquels sont pratiqués de petits sentiers en zigzag
pour le plaisir des promeneurs, qui pourraient se
croire dans un jardin anglais.

En revenant de Sirod à Champagnole, on trouve à
mi-côte un tunnel qui communique avec les villages
de la montagne, et par où l'on monte aux ruines du
château Villain, desquelles la vue s'étend sur tout le
paysage.

Reste enfin la visite aux curieuses grottes d'*Oxelles*, l'une des merveilles pittoresques de la Franche-
Comté, à laquelle il faut consacrer une grande journée.

DES

CONDITIONS FAVORABLES

au succès de tout traitement par les eaux minérales

ET EN PARTICULIER PAR LES EAUX DE SALINS

La plupart des personnes qui viennent dans une station minérale, presque toujours pour une maladie chronique, ont pris cette détermination d'après les conseils de leur médecin. L'importance qu'il y a pour elles dans le choix des eaux ne saurait faire négliger un conseil très-autorisé, et un petit nombre certainement viennent aux eaux sans avoir pris au préalable l'avis de leur médecin, guidées par leur propre désir ou par un choix extra-médical. Ce peut être, dans ces cas, une grave imprudence. L'influence du traitement par les eaux minérales es considérable. L'on ne peut dire d'elles ce que l'on entend souvent répéter de tel ou tel autre médicament : s'il ne fait pas de bien, il ne fera pas de mal.

On ne peut trop prévenir les malades contre un usage irréfléchi d'agents thérapeutiques énergiques. Mais ce n'est pas tout que de venir à des eaux bien indiquées, qui conviennent au mal dont on est atteint et dont on peut attendre la guérison, au moins du soulagement. Il faut s'y placer dans les meilleures conditions pour en profiter ; il faut presque toujours que des préceptes d'hygiène président à leur emploi. L'on dirige, non sans raison, un sujet pléthorique présentant des congestions vers la tête, à Niederbronn ; un goutteux à Vichy, à Contrexeville ; un malade lymphatique, à Salins ; mais ce n'est pas assez : il faut encore que ces malades soient dans la situation la plus favorable au succès du traitement. Tel est l'objet de cette notice sur l'hygiène du baigneur.

Il y a trois objets principaux à considérer :

1° La préparation à l'emploi des eaux ;

2° Les soins nécessaires au malade pendant la cure : ils comprennent l'hygiène du baigneur proprement dite ;

3° Enfin les soins consécutifs au traitement par les eaux minérales.

· Voilà les trois points que nous avons à développer,

n'oubliant pas toutefois que nous avons surtout pour but d'éclairer les malades qui viennent à Salins.

1° DE LA PRÉPARATION A L'EMPLOI DES EAUX

Autrefois, et pas plus loin qu'à la fin du dix-septième siècle, la préparation à l'emploi des eaux était, aux yeux des médecins et aux yeux du monde, chose très-importante. L'on faisait *empiriquement*, et sans raison théorique ou clinique, un traitement spécial avant d'aller aux eaux. Ce traitement variait bien un peu suivant le système médical en vogue, mais tel qu'il était, et nous en avons un exemple dans le traitement préliminaire prescrit à Boileau par Fagon en 1687, avant qu'il dût se rendre aux eaux de Bourbon-l'Archambault, ce traitement n'était pas une petite affaire : il était empirique dans la plus large signification attachée à ce mot. Aucune donnée physiologique, aucune notion clinique ne présidaient aux prescriptions de ce genre. Qu'on lise la lettre de Boileau à Racine sur ce sujet, et l'on sera instruit de l'importance attachée par les médecins de l'époque à la préparation au traitement par les eaux minérales. Y a-t-il

vanité à dire qu'aujourd'hui nous faisons mieux ?
Nous ne le pensons pas. L'étude des fonctions chez
l'homme en santé, les recherches cliniques sont des
guides aujourd'hui beaucoup plus sûrs, et l'empirisme
aveugle, non raisonné, ne peut plus être accepté
avec faveur.

Quelques personnes, des médecins même, ont
pensé que toute préparation à l'emploi des eaux
était inutile; que la seule chose à faire, une fois
décidée l'opportunité de telle ou telle station
minérale, était d'y envoyer aussitôt le malade et de
le soumettre de suite aux traitements. On peut agir
ainsi dans quelques circonstances, dans quelques
cas assez rares, mais généralement il faut se garder
de cette pratique, que je crois téméraire quelquefois,
et certainement peu favorable au succès du traitement. De même qu'il ne faut point exagérer
l'importance, la nécessité d'une préparation à
l'usage des eaux, de même aussi il ne faut pas
tomber dans un excès contraire, et rejeter comme
inutile toute pratique de cette sorte. La vérité se
trouve entre ces deux extrêmes. Il y a ici deux
éléments à considérer : la maladie qui nécessite
l'emploi des eaux et ces eaux elles-mêmes.

C'est ici surtout que, pour aplanir toute difficulté
d'interprétation, et d'ailleurs pour répondre davan-

tage au but que je me propose, l'hygiène du baigneur, c'est ici, dis-je, qu'on peut envisager les maladies suivant qu'elles sont sthéniques ou asthéniques. Je sais que la plupart des premières ne commandent pas l'usage des eaux, mais parmi celles de la seconde classe se trouvent rangées des maladies, en général constitutionnelles, chroniques, qui offrent souvent dans leurs manifestations un état sthénique très-prononcé. De plus, il faut avoir égard aussi à la nature plus ou moins impressionnable du sujet. Fort souvent, l'éréthisme nerveux change la physionomie et l'allure des affections : les phlegmasies localisées sont fréquentes dans ces conditions chez des individus atteints cependant de maladies asthéniques. J'ai dit aussi que la nature des eaux devait être prise en sérieuse considération. Les eaux toniques, fortifiantes, curatives de telle ou telle maladie, sont quelquefois excitantes, et l'excitation qui se produit alors tient beaucoup plus à l'état dans lequel se trouve présentement le malade qu'à l'eau elle-même : je veux dire qu'un état morbide compliqué, soit d'une phlegmasie locale, soit d'une névrose générale dont les manifestations sont facilement mises en jeu, est l'occasion la plus fréquente de l'excitation produite par certaines eaux, excitation qui naît sans doute au contact de

ces eaux, mais qui ne se serait point développée sans
des conditions morbides déterminées. Il faut, autant
que possible, prémunir les malades contre cette
excitation qui, surtout au début, peut être très-
intempestive et compromettre la cure. S'il me
fallait étendre ces considérations à toutes les
maladies constitutionnelles qui réclament l'emploi
des eaux, à toutes les eaux qui sont utiles dans ces
circonstances, il me faudrait passer en revue une
partie du cadre nosologique, et envisager l'action
physiologique des éléments minéraux principaux
qui entrent dans la composition des eaux. Je me
contenterai de diré ce qu'il convient de faire
comme préparation au traitement à suivre à Salins.

Les eaux du Jura sont éminemment toniques et
résolutives : elles agissent surtout, comme tous les
médicaments de cette sorte, par absorption. Il
faut donc placer les malades dans les meilleures
conditions pour que cette action physiologique s'ac-
complisse. Le tube digestif et la peau, ces premiers
agents de l'absorption, doivent être en état de
remplir leurs fonctions. Un purgatif, si les voies
digestives sont embarrassées, un régime approprié
au sujet et surtout à son état de maladie, devant
d'ailleurs procurer des digestions faciles, aisées,
quelques bains simples, seront toujours utiles.

Telle est, à mon avis, la seule préparation, mais préparation très-utile, dont on ait à s'occuper avant de commencer le traitement à Salins. Toutefois, il est une règle dont je ne m'écarte jamais, et qui, sans être précisément du domaine de l'hygiène, trouve tout naturellement sa place ici. Dans beaucoup des affections du système lymphatique, l'inflammation est une complication ordinaire, l'inflammation locale. Elle doit être ménagée, et sans être, dans la plupart des cas, une contre-indication, il faut cependant la combattre, tout à la fois pour qu'elle n'augmente pas d'intensité et d'étendue, et pour qu'elle ne soit pas un obstacle à la cure. Qu'une inflammation, même circonscrite, soit un peu vive, elle place presque toujours le sujet qui en est atteint dans un état plus ou moins grand d'excitation, et celle-ci est d'autant plus prononcée que la personne est plus irritable. Chez les femmes et les enfants, ces phénomènes sont souvent très-marqués et ne peuvent être inaperçus. Dans ces conditions, outre que l'absorption est moins active, le médicament n'agit plus directement contre la maladie : son action est entravée par la complication qui existe, et celle-ci en est exaspérée. Il est donc utile, avant comme pendant le traitement par l'eau de Salins, de modérer les phlegmasies éparses çà et là à l'aide des moyens ordinairement employés dans ces circonstances, le repos, les applications émollientes, les bains locaux ou généraux d'eau simple ou d'eau additionnée de substances émollientes et sédatives.

En résumé, dans les cas où le malade devra boire de l'eau de la source, et ce sont les cas les plus nombreux, le tube digestif devra être dans un état tel que l'absorption puisse s'y faire et y soit facile, car cette absorption est sans contredit une condition nécessaire pour obtenir les effets curatifs de l'eau de Salins dans les affections de la scrophule, dans le rachitisme, dans les engorgements articulaires de nature rhumatismale, etc.

Pour obtenir de la médication externe, bains, douches, tout le bénéfice qu'on est en droit d'en attendre, il faut autant que possible que la peau remplisse bien ses fonctions, car l'absorption se fait aussi par elle. Toutes les fois qu'on juge utile de recourir à l'hydrothérapie, l'état de la peau doit être pris en très-sérieuse considération. L'eau froide n'est utile, projetée sur le corps nu à l'aide d'engins différents et appropriés aux divers états morbides, qu'à la condition d'une réaction prompte. Au moyen des procédés hydrothérapiques, on varie à son gré l'intensité de cette réaction, mais on ne la produit point de toutes pièces en quelque sorte ; il faut que le tégument externe soit en état de la laisser se développer. Des bains simples, quelques frictions sèches, le massage même, peuvent être nécessaires avant l'usage de l'hydrothérapie.

2°. SOINS NÉCESSAIRES AUX MALADES PENDANT LA CURE, OU HYGIÈNE DU BAIGNEUR PROPREMENT DITE

Il est extrêmement important pour les malades envoyés aux eaux minérales de suivre des règles communes à beaucoup de stations minérales, variées cependant encore, suivant le genre de la médication que l'on recherche, suivant le genre des maladies qu'on se propose de guérir. Il est évident, en effet, que les conseils ne seront point les mêmes aux eaux spécialement reconstitutives, comme les eaux de Salins, et aux eaux de Niederbronn, par exemple. Tout dépend donc de la nature des maladies que l'on est appelé à soigner.

Ce n'est point assez d'avoir à sa disposition une eau minérale puissante, bien indiquée, très-appropriée à la maladie dont on est atteint. Ce n'est point assez de pouvoir utiliser cette eau de diverses manières, à l'aide des procédés variés de la balnéo-

10

thérapie, il faut encore trouver des conditions
hygiéniques favorables, il faut surtout que les
malades ne s'écartent point des préceptes hygiéniques qui sont indispensables, surtout aux eaux
minérales. Les conditions hygiéniques dont je veux
parler ont rapport à l'atmosphère, à l'exercice, aux
distractions, aux aliments, à la durée de la saison.
Quelques mots sur chacun de ces points :

L'atmosphère. — Je ne veux point parler ici de
l'atmosphère thermale proprement dite. Celle-ci
n'est point du domaine de l'hygiène : elle constitue
en quelque sorte un mode d'emploi des eaux
minérales. Ainsi, une fois admise cette vérité que
la vapeur spontanée des eaux minérales et la
vapeur artificiellement produite par l'ébullition
entraînent des éléments fixes de ces eaux et servent
à ceux-ci de véhicule, il était vraiment naturel
d'arriver à administrer certaines eaux sous forme
de poussière, à l'aide d'appareils dans lesquels, en
faisant passer l'eau dans des tubes capillaires, on
l'oblige par une forte pression à sortir véritable-
ment pulvérisée, sous forme de nuage. Mais il ne
s'agit point de ces choses : je ne veux qu'appeler l'attention des baigneurs sur les conditions atmosphériques qu'ils doivent rechercher. Je n'ai point à
m'arrêter sur des considérations de ce genre, car au-

jourd'hui, les bonnes conditions d'aération sont
acceptées de tout le monde. Toutefois, il y a des
personnes qui, venant faire, disent-elles, un très-
court séjour aux eaux, ne se préoccupent point
assez de ces nécessités d'existence et se résignent à
des habitations vraiment en contradiction, par
leur insalubrité quelquefois, avec les vertus curatives des eaux près desquelles on vient chercher
la santé. De bonnes conditions atmosphériques
sont surtout nécessaires pour les malades débiles
qui viennent aux eaux reconstitutives. Je n'ai pas
besoin d'insister sur ce point.

L'exercice. — *Les distractions.* — J'en dirai autant de l'exercice et des distractions : ils sont des
éléments qu'on ne peut négliger, et certainement ils
aident à la cure. Chacun le comprendra.

Les aliments. — Dans toutes les stations minérales, le régime doit être sain et en rapport avec les
maladies qui y sont traitées généralement. Il y a des
médecins qui prescrivent la demi-diète, dans le but
de favoriser l'absorption et d'obtenir des résultats
plus concluants. C'est, à mon avis, une grande er-
reur. Que l'on double, que l'on triple, si l'on veut,
la faculté d'absorption. Où cela mène-t-il? Il ne
s'agit pas tant de faire entrer dans le système la
quantité la plus considérable de matériaux fixes des

eaux, que de s'attacher au point clinique important, *modifier la maladie, la guérir*. L'expérience nous a démontré, d'ailleurs, dans des recherches thérapeutiques sur plusieurs médicaments, et je parle de ce sujet dans mon *Mémoire sur l'eau de Salins et sur son emploi en thérapeutique*, que des doses exagérées d'un médicament, même donné à propos et suivant une indication convenable, dépassent le but. Dès lors, le remède n'agit plus contre le mal, il produit des phénomènes particuliers, perturbateurs quelquefois. On a souvent dit qu'ils constituaient l'action physiologique de ce remède. C'est une question que je cherche à élucider dans mon *Mémoire sur l'eau de la source de Salins et sur son emploi en thérapeutique*, mais ce n'est pas de cela qu'il doit s'agir. En art médical, on fait de la thérapeutique et l'on n'a point à se proposer des recherches de physiologie. L'on ne peut conclure des faits de celle-ci à l'interprétation thérapeutique des médicaments.

Il n'y a donc aucune utilité à chercher à favoriser l'absorption au détriment de la nutrition. Je n'admets pas ce procédé thérapeutique. Que la demi-diète, que la diète soient prescrites dans les cures de raisin et dans les cures par le petit lait, c'est tout différent. Ici, la diète fait partie, pour ainsi dire, de l'agent thérapeutique.

Aux eaux reconstitutives, à Salins en particulier,
un régime sain, fortifiant, est nécessaire, et il cor-
robore l'action de l'eau minérale. Il ne faut pas oublier, d'ailleurs, qu'un certain nombre des malades
qui viennent rechercher le bénéfice des eaux de Salins ont une constitution plus ou moins débilitée, et
que, chez eux, une bonne alimentation est indispensable. Il faut qu'ils prennent une nourriture substan-
tielle, à des heures fixes. Le choix et la qualité des
aliments sont chose importante. Les viandes rôties,
les légumes de la saison sont les meilleurs aliments.
Il faut, autant que possible, s'abstenir des mets qui,
soit par leur nature, soit par leur préparation, sont
d'une digestion difficile, pénible : les ragoûts, les
viandes salées, marinées, fumées, les viandes gras-
ses. Un régime sévère est surtout utile pour les personnes qui viennent rechercher à Salins l'action
reconstitutive des eaux : pour elles, le régime doit
être tonique, et, comme je le disais, il doit corroborer l'action de l'agent thérapeutique. Il n'est pas
moins nécessaire de surveiller l'alimentation des
malades qui doivent rechercher, dans les eaux, une
action résolutive : pour que l'absorption se fasse, tant
par la peau que par le tube digestif, il faut que celui-ci
ne souffre point ; il faut qu'une alimentation inoppor-
tune n'entraîne point le développement de l'embarras

gastrique. Les aliments que l'on proscrit généralement, et avec raison, sont les aliments vinaigrés, épi-
cés, les salaisons. Comme boisson de table, le vin est
préférable à toute autre. Quelques boissons chaudes
aromatisées, le thé, le café, ne sauraient être défendues, elles ont même une utilité réelle : prises avec mesure, elles ont pour effet de stimuler les fonctions de
l'estomac. Dans certaines circonstances, ainsi chez
des chlorotiques et des anémiques, j'ai joint avec
beaucoup de succès, à l'emploi des eaux de Salins,
l'usage, comme boisson de table, d'une eau ferrugi-
neuse légère mêlée au vin, l'eau de Bussang, l'eau
d'Antogast, l'eau de Passy.

La durée de la saison. — Les considérations que
je vais présenter sur la durée de la saison aux eaux
minérales m'amènent à dire, en premier lieu, que le
malade ne saurait être seul juge de la durée de son
traitement. Il peut compromettre le succès de la
cure : il peut même, dans certaines circonstances
données, amener des résultats quelquefois fâcheux.
Il ne s'agit point de prendre aveuglément des bains
ou des douches pour se guérir, il faut les prendre
avec opportunité. De même qu'il n'est point insignifiant de prendre chaque jour un bain ou une douche
d'eau chaude, de boire un ou plusieurs verres d'eau
après le bain, de même il est très-important, plus

important encore, pourrait-on dire, suivant les effets
qui se produisent, suivant la nature et la forme de
la maladie, de continuer ce traitement plus ou moins
longtemps. C'est chose qu'on ne peut abandonner
sans danger à sa propre initiative : il faut connaître
les eaux minérales et avoir l'expérience de leur emploi dans les maladies chroniques pour juger cette
question.

Ordinairement, on entend fixer à trois semaines,
vingt-deux jours au plus, la durée du traitement.
Cette durée est tout à fait de convention, et s'il fallait chercher une cause à ce sentiment si répandu
que toute cure doit durer au maximum vingt-cinq
jours, et ce sont les plus sages qui raisonnent ainsi,
on la trouverait sans doute dans ce fait, que vingt-
cinq jours constituent à peu près la période durant
laquelle les femmes peuvent se soumettre au traitement entre deux époques menstruelles. Il est aisé
de voir qu'un précepte de cette sorte ne peut avoir
aucune valeur en thérapeutique. On ne peut évi-
demment baser la durée d'un traitement sur le temps
qui s'écoule entre deux fonctions qui sont physiolo-
giques et parfaitement indépendantes de la maladie
pour laquelle on vient aux eaux. Et, d'ailleurs, dans
les maladies où la suppression du flux cataménial
est un symptôme, où est la règle à suivre?

Beaucoup de malades, pressés par le temps, veulent se guérir en trois semaines, en vingt et un jours ! Ce laps de temps est généralement beaucoup trop limité. L'on ne rencontre que très-peu de malades chez lesquels on puisse avantageusement donner de suite au traitement sa plus grande activité. Cette manière de faire, dont le médecin seul peut apprécier l'opportunité, ne peut d'ailleurs être expliquée que par certaines circonstances qui dépendent, et de l'individu affecté, et des résultats que l'on espère obtenir. Beaucoup de personnes ne voient le traitement devenir définitivement utile qu'au moment même où elles trouvent indispensable de le suspendre. La cure n'est pas complète. L'intervention du médecin ne peut être négligée, tant elle est indispensable. Abandonnés à eux-mêmes, les malades cessent trop fréquemment de se soumettre à la médication au moment même où, pour des yeux exercés, on voit s'établir une entière tolérance du médicament; puis, bientôt viendrait la saturation de l'organisme. La cure est compromise : le bénéfice recueilli est à peu près nul. Voilà où peut mener l'absence de direction dans un traitement qui a sans doute quelques règles générales, quelques données pratiques, mais qui est destiné à être souvent sans résultat ou dangereux, quand il est laissé à la disposition de

personnes étrangères à l'art de guérir. Il y a des
eaux dont l'action est prompte et qui ont produit en
assez peu de temps tout l'effet qu'on peut en attendre. Il en est ainsi de plusieurs eaux sulfureuses
thermales. Pour les eaux reconstitutives, pour les
eaux bromo-chlorurées sodiques de Salins, il ne
peut en être ainsi. En effet, on ne peut prétendre
modifier complétement, changer un vice constitu-
tionnel en une bonne santé, dans un laps de temps
de vingt jours! En général, tous les médicaments
qui, pour agir, sont confiés à l'absorption, et les
eaux de Salins en sont là, tous ces médicaments,
dis-je, doivent être continués assez longtemps. A
Salins, une *saison*, si l'on veut entendre par ce mot
la période pendant laquelle on peut prendre les eaux
avec avantage, se compose de vingt-cinq à trente
jours. Dans beaucoup de circonstances, surtout dans
les cas où le système lymphatique est profondément
affecté, dans les cas de chlorose invétérée, je conseille, après une première saison et un repos de dix
à quinze jours, une seconde saison égale en durée
à la première : seulement, souvent dans ce second
traitement, je modifie l'administration de notre agent
thérapeutique. Je trouve toujours de l'avantage
dans ces deux saisons consécutives, séparées par un
intervalle de quinze jours environ, quand je ne ren-

contre aucune phlegmasie locale en voie de développement ou exaspérée par la puissance du premier traitement, quand je ne rencontre non plus aucune névrose générale offrant des accès fréquents, répétés, ou seulement une surexcitation trop vive. Dans ces cas, je recommande beaucoup le repos de la nuit, le repos prolongé, les bains d'eau douce ou additionnés de décoctions émollientes.

Tous ces conseils peuvent paraître puérils; ils ont cependant une grande importance, et le baigneur qui s'abstient de les suivre peut voir la cure échouer. Nous ne cessons de donner ces avis, parce que nous avons la conviction qu'en médecine il n'y a point de petites choses et que ce qui paraît souvent futile et insignifiant au premier abord peut toujours corroborer l'action du traitement. Il n'est aucun médecin, aux eaux minérales, qui n'ait pu vérifier l'exactitude de cette assertion.

3° SOINS CONSÉCUTIFS AU TRAITEMENT PAR LES EAUX MINÉRALES

La saison terminée, le malade quitte ordinairement les eaux et rentre chez lui. Il est indispensable, à mon avis, que le médecin des eaux résume, dans

une note qui devra être remise au médecin habituel,
les phénomènes observés pendant le traitement : il
devra indiquer l'état du malade à son arrivée et son
état au moment où il quitte les eaux. Ces détails
ont une grande importance. Ces eaux, en effet,
ainsi que toutes les eaux reconstitutives, les eaux
de Salins particulièrement, n'épuisent pas leur
effet pendant la saison ; elles ont des effets consécutifs pour ainsi dire, une action prolongée : le médecin habituel doit connaître naturellement, pour en
juger, l'état de son malade quand celui-ci quitte
les eaux.

Depuis que je dirige l'inspection des eaux de Salins, je m'attache beaucoup à conseiller à une série
de malades, à tous ceux par exemple chez lesquels
le système lymphatique est affecté, de ne point suspendre brusquement l'usage des eaux. Outre l'habi-
tude que j'ai prise de diminuer fort souvent l'énergie du traitement dans les derniers jours, je conseille
à beaucoup de malades, une fois rentrés chez eux,
de continuer l'usage de l'eau de la source en boisson, parce qu'elle ne souffre nullement du transport
et qu'elle peut se conserver longtemps. Dans l'hiver,
quelques bains pris consécutivement, quinze ou
vingt, avec addition de trois ou quatre kilos de sel
de Salins. Ces précautions, ces soins consécutifs me

paraissent très-utiles. Je suis convaincu que si les malades voulaient persévérer davantage, s'ils voulaient bien se soumettre plus longtemps à la médication prolongée dont je parle, l'action curative des eaux de Salins ne rencontrerait que peu d'obstacles. On ne change pas en peu de temps la forme d'une maladie constitutionnelle; il faut continuer l'emploi du moyen que l'on a choisi, ne point se fatiguer d'un traitement qui doit être long : la guérison doit être le résultat de ces soins persévérants.

Dᵣ Auguste DUMOULIN,

Médecin Inspecteur des Eaux minérales de Salins.

RENSEIGNEMENTS

On trouve à l'établissement même des bains de Salins, situé sur la place d'Armes, au centre de la ville, un vaste hôtel avec restaurant, café, billard, jardin. gymnase, salons de lecture et de conversation, salle de jeu. etc.

Le prix de la table d'hôte, déjeuner et dîner, vin compris, est de **6** fr.

Le prix des chambres varie de **2** fr. **50**c. à **6** fr.

Cet hôtel, établi avec un grand luxe, peut rivaliser avec les plus beaux établissements de ce genre que l'on trouve dans les bains de l'Allemagne.

Il y a en outre concert cinq fois par semaine, dans les salons ou dans le jardin de l'hôtel.

On trouve des voitures à louer pour les promenades, chez M. Marsoudet, maître de poste,

Et chez M· Marescot, aubergiste, au Faubourg.

LIBRAIRIES

Billet, libraire-imprimeur, Grande-Rue.
Sterque, libraire-papetier, Grande-Rue.
Duvernoy, libraire (bureau de tabac).

CAFÉS

Café-restaurant de France, sur la place de l'Hôtel-de-Ville.
Café des Messageries, Grande-Rue.

Café Baudin, Grande-Rue.

Le bureau du télégraphe, ouvert de sept heures du matin à sept heures du soir, est situé dans la Grande-Rue.

OMNIBUS

Un omnibus part tous les jours, à dix heures du matin, pour Nans et la source du Lison, et revient à cinq heures du soir. S'adresser chez M. Marsoudet, maître de poste à Nans, hôtel Hugon, près de la manufacture de porcelaine.

CHEMIN DE FER DE LYON.

Départ de Paris : express, onze heures du matin, sept heures du soir. Arrivée à Salins : neuf heures du soir, cinq heures du matin.

BAINS DE SALINS

TARIF RÉGLEMENTAIRE

DES SALONS ET DE L'HOTEL

Les salons seront ouverts jusqu'au 15 septembre.

Cinq jours de la semaine, de 8 à 10 heures du soir, il y aura concert.

Les abonnés jouiront chaque semaine de ces cinq jours, sous la seule réserve de 32 places, qui pourront, chaque jour de concert, être numérotées, et dont il ne sera, dans ce cas, disposé qu'au moyen d'un supplément de prix.

Les sixième et septième jours de la semaine ne sont pas compris dans l'abonnement. Ils sont réservés, soit aux représentations des artistes de passage, soit au bénéfice des artistes résidants, soit à toute autre fête extraordinaire. Ce jour-là, des billets spéciaux à prix variable seront nécessaires pour entrer le soir dans les salons de l'établissement.

Les salons de lecture et le billard seront ouverts aux abonnés tous les jours, de 6 heures du matin à 10 heures du soir. Les jours de chaque semaine pendant lesquels les abonnements sont suspendus, les salons seront fermés à 6 heures du soir.

fr. c.

L'abonnement personnel pour la saison, sauf l'exception ci-après relative aux enfants, est fixé à . . . . 20 »

L'abonnement de famille, comprenant soit le mari et la femme, soit l'un d'eux et un enfant, à . . . . 35 »

L'abonnement personnel pour les enfants au-dessous de

5 ans , à 15   »

Le supplément à payer pour avoir un siége numéroté pendant toute la saison, à. 30   »

Prix d'entrée pour les personnes non abonnées, les jours ordinaires. 3   »

Supplément de prix d'entrée pour avoir une place numérotée. 2   »

On n'est admis aux salons que sur la présentation d'un abonné.

Les cartes d'abonnement sont personnelles. Elles ne peuvent , en aucun cas, être cédées.

Il y aura, tous les jours, à **10 heures 1/2**, un déjeuner de table d'hôte dans la salle à manger de l'établissement, et à 6 heures précises, on servira le dîner. N'y seront admis que les abonnés qui auront prévenu la veille ou le matin avant **10 heures.**

Il y aura, le soir, buffet à rafraîchissements pendant la durée des concerts.

fr.   c.

Le prix du déjeuner et du dîner, vin compris, à la table d'hôte, est de 6   »

Pour les enfants au-dessous de 10 ans, il est réduit à.   3   »

Les prix des vins pour la table d'hôte , ainsi que ceux des consommations diverses du buffet à rafraîchissements seront réglés par des tarifs spéciaux, exposés à la vue des abonnés.

Le prix des chambres varie de 2 fr. 50 c. à 6 fr. par jour.

Les jeux sont tarifés ainsi qu'il suit :

fr.   c.

Le billard, l'heure. 1   »

Les deux jeux de piquet. 1   50

Les deux jeux entiers. 2   »

A la lumière, tous les prix des jeux seront augmentés de 50 centimes,

BAINS DE SALINS

TARIF RÉGLEMENTAIRE

DU SERVICE DES BAINS

Bains et Douches.

	fr.	c.
Bain simple de la source.	1	50
Le même avec douche ⎰ d'eau de la source.	2	»
d'eau de la source portant addition d'eaux-mères jusqu'à concurrence de 10 litres. .	2	50
Bain d'eau de la source, avec addition d'eaux-mères jusqu'à concurrence de 15 litres.	2	»
Supplément de 1 à 5 litres d'eaux-mères.	»	20
Supplément pour le service à domicile de l'un des bains ci-dessus.	2	»
Bain de natation en eau courante de la source. . . .	1	50
Douche d'eau de la source.	1	50
Douche d'eau de la source portant addition d'eaux-mères jusqu'à concurrence de 10 litres.	2	»
Douche ascendante d'eau de la source.	»	75
Bain de pieds en eau de la source.	»	30
Bain de pieds en eau de la source avec addition d'eaux-mères.	»	50
Un fond de bain. . . . . , ...	»	20
Un peignoir.	»	20
Une serviette.	»	10

Une robe de chambre en cotonnade. . . . . » 20
Une robe de chambre en flanelle. . . . . » 30

Prix du service.

	fr.	c.
Pour un bain.	»	15
Pour une douche.	»	30
Pour un bain et une douche réunis.	»	40

N. B. --- La durée des bains sera d'une heure quinze minutes , y compris le temps nécessaire pour la toilette. Au delà d'une heure quinze minutes , le bain devra être payé double.

Vente de l'eau de la source.

	fr	c.
Bouteille d'un litre, expédiée hors de Salins aux frais de l'acheteur.	»	50
Emplissage d'une bouteille ou d'un syphon ordinaire pour la consommation locale.	»	20
Un verre bu à la fontaine. . . . . , . . .	»	05

Vente de la même eau, avec addition du gaz acide carbonique.

	fr.	c.
Bouteille d'un litre, expédiée hors de Salins aux frais de l'acheteur.	»	60
Emplissage d'une bouteille ou d'un syphon ordinaire pour la consommation locale.	»	20
Un verre bu à la fontaine. . . . . , ,	»	10

TABLE DES MATIÈRES

PARTIE PITTORESQUE

Paris. — Imp. Poitevin, rue Damiette, 2.

SALINS ET SES ENVIRONS.

Échelle en Kilomètres.

www.ingramcontent.com/pod-product-compliance
Lightning Source LLC
Chambersburg PA
CBHW060144100426
42744CB00007B/889